河出文庫

部落史入門

塩見鮮一郎

河出書房新社

まえがき

部落について知りたいと思ったが、大きな書店でさがしてもなかなか見つからない。一九五〇年代のころである。出版社からカタログをとりよせて注文した。出していたのは、さすが左翼系の出版社であったが、それでも種類はわずかだ。

当然、マルクス主義を基調にしていて、左翼政党と運動の発展に寄与するものばかりである。「オール・ロマンス事件」の解釈も一色で、戦前の部落の歴史は、せいぜい水平社についてすこしはわかるていどであった。くらべて、二十世紀後半の、洪水のような部落や人権の本の出版はおどろきでしかない。

戦前にはどのような本があったのか、なかなかわからなかった。明治維新後、だれとだれが部落の歴史について書いたのか。それはどのような内容なのだろうか。図書館でさがせばよかったのだろうが、まずは平易な案内の本がほしかった。

それで、専門的ではなくて、一読、山頂から平野の地形を知ることができるような本を作りたいと考えた。しかも、わたしの肉声がつたわるような書き方をしたかった。教条化した価値判断をくずすにはそれがいちばんよろしい。それで気ままに話をすすめたが、明治維新から第二次大戦終結までの八十年弱の期間の代表的な本については、およそ網羅したつもりだ。

戦前の本のうちにはマルクス主義に染めあげられてない解釈がある。そのような本はこれまで後景にしりぞけられていたため、なんだか新鮮に読める。ぜひ手にとって見てください。

部落史入門 ◎ 目次

部落史入門

一●青春と美酒
部落史の始まり

1

部落の歴史については、もう、じゅうぶんに語られている。そんな気もする。そういう気分のときは、「部落の歴史を書いた文」について考える。近代に書かれたものが多いけれど、近代だけではない。江戸時代にもある。それ以前にもある。部落史の定義を、「部落の過去について考察したもの」というふうにひろげると、もっと数がふえる。

江戸の弾左衛門[*1]が、八代将軍・吉宗のころ、町奉行《まちぶぎょう》にいわれて「弾左衛門由緒書《ゆいしょがき》」を作った。これも「部落の過去についての考察したもの」である。りっぱな部落史になる。開府から百年とすこし、町奉行ではすでに弾左衛門という存在がなにかわからなくなっていた。幕府の創業者である徳川家康は、さて弾左衛門にどんな仕事をどういう理由でわりふったのか。時間とともにわからなくなったものだから、その歴史を書いて町奉行に提出するように命じた。由緒書の中身は、まさに部落史である。

もっと古くだと、『塵袋《ちりぶくろ》』*2の「キヨメヲエタト云フハ何ナル詞《こと》ハゾ」で始まる有名な文も、部落の歴史への言及である。これだと、鎌倉時代だ。鎌倉時代の人が、「きよめ」や「えた」をどう考え、その歴史をどう見ていたかということだ。

2

部落をテーマに選んだにしても、その歴史を書く行為は、部落という単独の事象だけですますわけにはいかない。社会のおおきなうねりのなかに部落を置く。書く人もまたうねりにとらえられたまま思考した。書かれたものが、書いた人の姿まで浮き出してくれる。

江戸時代に書かれたものには、ある共通性があり、それが、時代性をあらわしている。明治維新ののちに書かれたものには、近代の特徴が色こくきざまれている。

その近代百数十年において、もっともはげしい色彩を映しているのはマルクス主義である。それは、鎖国解除後の明治時代に、あらためて日本に入ってきたキリスト教とくらべても、くらべようがないほどはげしい。色がつよいのである。

わたしも、魅せられた者のひとりである。マルクス主義を知らない人や、反対する人に会うと、いらいらするほどだった。だんだんと、この世にはマルクス主義者と、そうでない人の二種類しかいなくなる。病膏肓《やまいこうこう》に入《い》るとは、そういうことなのだ。しかし、そういうときには、マルクス主義の内容はわかっていても、その全体の姿はわからない。山に入ると、山の形姿が見えなくなるのとおなじだ。

幸か不幸か、生きているうちに、その呪縛《じゅばく》は解けた。いまだに色香が残っているにもかかわらず、海の潮が引くように、むこうのほうから身を引いた。そして、歴史がよく見えるようになった。

3

マルクス主義が日本に滔々《とうとう》と入ってきて、日本史が書きかえられる。部落史も例外ではない。高橋貞樹《たかはしさだき》（一九〇五～一九三五年）の仕事などは、その最たるものだ。時代の思潮が、高橋貞樹を鼓舞した。そして、なんといっても、かれは若かった。まだ二十歳になってもいない。

高橋よりもすこし年上の部落の青年たちがリーダーになって、「水平社」という、真新しい船を進水させたばかりのときだ。高橋もまた、そこにつらなる。意気軒昂《けんこう》とならざるをえない。

「明治」は、すでに遠かった。これまでのものはなにもかもがダサイと思えた。そんな時代がきた。官憲《かんけん》の圧迫がつよかったが、それもまた、かれやかれらが正義であることを、保障してくれていた。

新しい思想、新しい知識は美酒《びしゅ》であった。人びとは、したたかに酔った。

酔って、しあわせだった。

そういう雰囲気の渦中にあって、高橋貞樹は部落史を書きかえなければならないと決心した。これまでのいいかげんな、思いつきだらけの誤謬《ごびゅう》の歴史ではなく、マルクス主義に立脚した科学的な部落史が、いまこそ必要なのだ。搾取者《さくしゅしゃ》と被搾取者の関係をはっきりとさせた部落史、階級史観に裏打ちされたホンモノの部落史だ。

高橋貞樹は書いた。『特殊部落一千年史』[*3]という。野心的な仕事だが、微醺《びくん》を帯びていないとはいえない。

水平社の結成は一九二二（大正十一）年で、このとき高橋貞樹は数えで十八、満で十七である。誕生の地の大分県から東京にやってきたばかりである。水平社宣言の高らかなひびきは青年の胸によくとどいた。こんにち、わたしたちがそれを読んで感動する以上に、わたしたちの何倍もするどく、かれらの心臓に、その訴えはとどいた。その声が、高橋貞樹に、『特殊部落一千年史』を書くようにうながした。

宣言が、引き金《トリガー》になったわけだ。

マルクス主義と宣言、宣言とマルクス主義、これらが混沌《こんとん》となって高橋貞樹に部落史の筆をとるようにうながした。

生々しい人間の皮を剝ぎ取られ、暖かい人間の心臓は引き裂かれていた。

この引用は、水平社宣言からではない。高橋貞樹の前記の本の第一章の地の文からの引用である。青年の頭に入っていた宣言の文「生々しき人間の皮を剝ぎ取られ、ケモノの心臓を裂く代価として、暖い人間の心臓を引き裂かれ、……」が、このような言葉になって噴出したのである。かれら運動の開始者たちには、「盗作」といった法制の概念はない。いまにいう「知的所有権」などは、ブルジョア的な私有財産の肯定に思え、唾棄すべき対象でしかなかった。

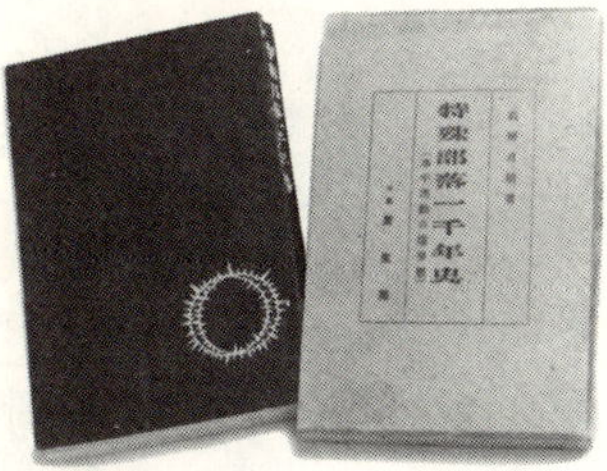

『特殊部落一千年史』

心をひとつにするということは、言葉をおなじにすることなのだ。ハイティーンの高橋貞樹の気分は、まっすぐに水平社にむかい、宣言起草者の西光万吉《さいこうまんきち》（一八九五〜一九七〇年）と言葉を共有したのである。

『特殊部落一千年史』の序文で、高橋貞樹は、先輩の山《やま》川《かわ》均《ひとし》（一八八〇〜一九五八年）への感謝とともに、親友の泉野《いずの》利《り》喜《き》蔵《ぞう》（一九〇二〜一九四四年）、西光万吉に「深く謝する」と記している。

思えば時代も「部落の青年」も若かった。マルクス主義も若々しく輝いていた。人びとを魅する美酒であった。

＊1　弾左衛門は、江戸時代、関東地方の賤民の頭《かしら》。十三代つづいた。
＊2　『塵袋』は鎌倉中期の辞書で事物の起こりを示す。
＊3　岩波文庫『被差別部落一千年史』と同書。

中央が阪本清一郎、後ろ左が西光万吉、後ろ右が泉野利喜蔵

二●士族と水平

高橋貞樹『特殊部落一千年史』と水平運動

1

マルクス主義を勉強していた若い青年に水平社宣言の言葉はよくとどいた。青年をして、ちゃんとした「部落の歴史」を、自分が書かなければならないと決意させたほどだ。青年の名は、高橋貞樹といった。

高橋貞樹の出身地は大分県で、「士族」だという。「士族」は、第二次大戦後になくなったいいかただが、それまでは、それなりに誇らしいひびきをもっていた。維新とともに消えた階級を、この言葉でもってなつかしがった。つまり、江戸時代に高橋貞樹の先祖は、武士だったわけだ。

士族の家の者が水平社に駆けつけるなど、ちょっと信じがたい。水平社は、部落の青年たちが中心になった、部落民による、部落民のための、自立した組織だったから。

その自立性こそが、水平社とそれまでの融和の組織とをわかつ、新しい可能性であった。これまでの組織は、政府の高官や伯爵《はくしゃく》とか男爵《だんしゃく》とか*1が顔をならべていた。部落民の悲惨さに同情した人が参加して壇上にならんだ。部落の富裕層や高学歴者が加わっていても、ほんとうにまずしい人の姿は、そこにはなかった。さらなる栄達《えいたつ》を求める部落の成功者と、維新後に支配者になった同情者が、手をむすんでいた。

そんな組織ではなにもできはしないと西光万吉たちはいった。そんな組織は、差別解消の力になるどころか、むしろ部落民を堕落させることになるとまでいいきった。だから、こんどはちがう組織を自分たちは作るのだという意志が、水平社の青年にあった。

水平社創立大会への参加を呼びかけるビラに、

同情的差別を撤廃し、部落民の自発的運動を起こして集団的見解を発表

とある。運動の主眼がどこにあるかを、ビラの一行はじつによくいいあらわしている。

高橋貞樹は士族なのにかけつけた。その者をみなが受けいれ、援助をおしまなかった。どうしてそのようなことになったのか。ここがよくわからない。実際、すこしのちのことになるが、水平社内部が二派にわかれて対立したとき、「高橋は部落民ではない。水平社を赤化させる共産党の手先」だという除名の動議が出された。

ということは、当時でも、なぜ士族が水平社にいるのかがわからなかったのだろう。父は大分県庁の役人だという。貞樹は上京して東京商科大学（一橋大学）予科《よか》（旧制高等学校）に入っている。英語とドイツ語に堪能であったというから、勉強家であったのだろう。社会主義をすすんで学び、山川均《やまかわひとし》の門下生になる。そのようなときに水平社結成を知って奈良にかけつけた。

高橋貞樹は部落の歴史を書くとともに、全国水平社青年同盟を結成する。そのときの仲間に、三歳年上の木村京太郎[*2]がいた。住井すゑの『橋のない川』の主人公畑中孝二のモデルとされる人物だ。

その木村京太郎が貴重な証言をのこしてくれている。

その言葉がなかったなら、わたしたちは確信もないまま、ああでもないこうでもないと推論を書きつらねることになる。それがただひとりの証言ではっきりとするのだ。歴史のおもしろさとはこういうことなのである。

木村の記述は、『水平社運動の思い出』（部落問題研究所、一九七三年）と、復刻された『特殊部落一千年史』（世界文庫、一九六八年）の「解説」にある。どちらもほんの数行だが、おどろくべき内容なのだ。

そこには、高橋貞樹が親しい人に、つぎのように話していたとある。

父は部落をかくすために士族の家系を手に入れたことを、幼い頃、祖母から教えられていたので、その卑屈を憤り、自分は中学時代から早くも社会主義者となり、水平社ができるとすぐに参加した。

父が隠したことを祖母が孫に話したというのである。祖母は息子が選んだ道に反対だったのか。そうだとすると、孫の貞樹に知らせたのは正解だったわけだ。高橋貞樹から、これらの経緯をきいて、西光万吉も阪本清一郎《さかもとせいいちろう》（一八九二〜一九八七年）も、ほかの水平社の面々もよく理解した。どうしてかれをあたたかくむかえないわけがあろうか。

2

数え年十八歳の高橋貞樹は、自分たち家族の過去と照らしあわせて、一九二二（大正十一）年三月の「水平社宣言」をよく理解した。すぐに東京駅に走り、奈良県御所《ごせ》市《し》の柏原《かしはら》へむかった。この青年を奈良の水平社のメンバーはあたたかく迎えた。もとは部落民だったからというだけでなく、なによりも青年が気鋭のマルクス主義者だったからだ。運動のオルガナイザーらもまたマルクス主義の洗礼を受けていたので、すぐに意気投合した。

翌年の九月、高橋貞樹は関東大震災に遭遇する。地震だけなら東京にとどまっていただろう。しかし、ちがう面から身の危機がせまっていた。炎上する帝都を見て支配層はおびえ、戒厳令《かいげんれい》を施行した。朝鮮人や大杉栄《おおすぎさかえ》など、罪もない震災の犠牲者を捕らえて、しかも虐殺した。血迷っているとしかいえない。

高橋貞樹も、身の危険を感じた。「関東大震災直後の社会主義者狩りで東京を追われると、大阪に移り住んだ」と、岩波文庫『被差別部落一千年史』の解説で沖浦和光《おきうらかずてる》は書いている。

泉野利喜蔵（前列中央）が集めた舳松部落の青年組織・一誠会

大阪では舳松《へのまつ》部落で泉野《いずの》利《り》喜《き》蔵《ぞう》の世話になった。水平社の人たちが援助の手をさしのべている。泉野利喜蔵は水平社創立大会で祝辞と祝電を読みあげた巨漢である。東京から逃げだしてきたマルクス主義者を部落にかくまった。『特殊部落一千年史』の序文で、山川均や西光万吉とならんで、泉野利喜蔵に謝辞が述べられているのはこのためである。

この大阪で高橋貞樹は部落に住みついて、部落の歴史を書くのである。しかし、困難はつきまとったはずだ。生活のことはしばらく置くとして、書き進むうえでの困難である。テーマは、はっきりとしている。視点も水平社宣言が指し示してくれている。歴史の見方はマルクス主義の「唯物史観」がある。論文の基本的な方向に困難はない。新しいきちんとした歴史が書けるだろう。そのことを本人はうたがわない。

しかし、歴史を書くには、思想だけではなく膨大なデータがいる。素材が必要となる。それは、いままでに書かれたものからもってくるほかはない。舳松部落に残されている証文や人別帳《にんべつちょう》を読みといて、過去の部落の経済や仕事や宗教や支配の関係を明らかにしようなどと、このころの人は考えない。部落の発生と発展を一刻も早く解明して、差別の撤廃に役立てたいのだ。

高橋貞樹は素材を探した。

その結果、浮上してきたのが、柳瀬《やなせ》勁介《けいすけ》（一八六八〜一八九六年）と喜田《きた》貞吉《さだきち》（一八七一〜一九三九年）の書いたものであった。

＊1 公・侯・伯・子・男の五爵《ごしゃく》は一八八四（明治十七）年の華族令による。伊藤博文らによるお手盛りの新身分で、ひどいものだ。世襲とされたが、新憲法施行で廃止になった。

＊2 木村京太郎は一九〇二年の生まれ、一九八八年没。大正昭和期の部落解放運動家で、部落問題研究所の創設に力を貸した。

三●早熟と早世　柳瀬勁介という先駆者

1

高橋貞樹は水平社の結成を知ると御所市《ごせし》柏原村《かしはらむら》にかけつけ、その夏は阪本清一郎《さかもとせいいちろう》の家ですごした。阪本は西光万吉の友で、「水平社」の名付け親である。家業でニカワを作っていたので、経済力はある。

阪本清一郎は、西光万吉もだが、「日本社会主義同盟」に近づいていた。これは社会主義者やアナーキストたちが大同団結をこころみた組織である。一九二〇（大正九）年の暮れにできたが、官憲の圧力で半年ともたなかった。この組織に山川均がいた。

一方、高橋貞樹もまた山川均の指導をうけていた。山川が、阪本・西光らと高橋貞樹を結びつける役を果たしたのかもしれない。また、西光と高橋は、どちらも絵がすきだった。両人とも画家になりたかったぐらいだ。この点でも意気投合しただろう。

一年後、高橋貞樹は地震で廃墟になった東京から大阪泉北郡《せんぼくぐん》の舳松村に逃げてきた。泉野利喜蔵の世話になりながら、「部落の歴史」にとりかかった。書くためには、まず勉強しなければならない。すでに書かれた「部落の歴史」をさがした。

2

さがした結果を、高橋貞樹はつぎのように書いている。

明治以後、部落について記した書はあるが、価値あるものは少ない。近年の著の外に参照すべきほどのものは見当らぬ。

近年の本を除いては、いい本がなかったのだ。そして、近年の書として高橋貞樹はつぎの書名をあげ、『特殊部落一千年史』の「序文」で謝辞を述べている。ひとつは、喜田貞吉のもので、いまひとつは、「不幸若くして中途倒れたる柳瀬勁介氏の遺著『社会外の社会・穢多非人《えたひにん》』」であった。

高橋が部落史の本をさがしたときは、明治維新後、はや半世紀以上がたっている。半世紀を閲《けみ》して、わずか二名だ。

帝国大学を中心にした官学が、いや、私学をふくめて、いかに「賤民の歴史」を無視してきたかがわかる。しかも官学の歴史家は喜田貞吉だけで、いまひとりの柳瀬勁介はそうではなく、法律を学んでいる書生だ。この二名のみ。高橋貞樹もおどろいただろう。しかし、たった二名だから、かえって部落史を書く情熱が、かき立てられたということはある。

高橋貞樹以前が、喜田と柳瀬の二名だけにしぼれるのかどうかは、むつかしい。『朝野新聞《ちようやしんぶん》』*1連載の弾左衛門や車善七《くるまぜんしち》の記事などを思いだす。また、帝国大学（東大）の久米邦武《くめくにたけ》の「穢多非人の由来」というみじかい論文が一八九〇（明治二十三）年に発表されている。*2ほかにも、ごくみじかい論文が散見されるが、ちゃんとした「部落の歴史」を書こうとしている高橋貞樹が、この時点で、柳瀬・喜田の二名でもって、過去の部落史を代表させるのは、まずは妥当だ。

3

このエッセイふうの書物で、わたしがテーマとしているのは、高橋貞樹の『特殊部落一千年史』以前と、それ以後の部落史のちがいである。マルクス主義という、傑出した力をもった思想が、部落史の土俵でどのような働きをしたかである。

観念で性急に結論を出さないためにも、できるだけ具体にそって話をすすめたい。

そこで、まず柳瀬勁介の先駆《さきが》ける論文を探してくる。

よく知られている本で、『社会外の社会・穢多非人』という。

4

一読、魅了されるだろう。

いや、その「国学的解読《かいどく》」をいやがる人もいるけれど、なにしろ時代が早い。同時代のだれが、ここまで「えた」についての概説を書くことができただろう。それに本書を支えている激しい情熱に、怠惰なわたしなどは鞭うたれる思いになる。そのうち差別はなくなるだろうと、「そのうち」に賭けているわたしなどとちがって、その即時解決のために奔走《ほんそう》する。

柳瀬勁介が右の本を書いたのも、「奇を衒《てら》ふ」ためではなく、差別の「解決」のためであった。後人はこの書を「国学的」と称したが、そうではなく、ここには「陽明《ようめい》学《がく》」の影響がつよい。あの大塩平八郎が模範をしめした陽明学である。思弁よりも行動を重んじる。実践に結びつく知が求められる。だから、本書の最後、第五章は、「救済策」となっている。

その救済策が、日本の植民地になった「台湾」に移住するというのは、幕末の水戸の徳川斉昭《なりあき》が江戸のえた身分を蝦夷地（北海道）に送り開発と国防に役立てようとしたのとおなじである。差別のはなはだしい日本から、アジアのあちこちに移住しようとしたのは、ほかでもない、阪本清一郎や西光万吉らも計画している。セレベス島（スラウェシ島）が理想の土地に選ばれたが、実際、「朝鮮」や「満州」に新天地をもとめた被差別民は、そうとうの数だった。柳瀬勁介の救済策がまちがっているといってすますことはできない。それほど部落への圧迫がつよく、貧困がすすんでいたと、認識をあらたにしなければならない。だからこそ、柳瀬勁介は、本書の原稿をにぎりしめて台湾へ行き、移住のための土地を確保しようとした。たったひとりでの実践だった。まさに陽明学者であった。まさに帝国主義者でもあった。

かくまでに柳瀬勁介を突きうごかした情熱は、なにによるのか。当人のみじかい記述によると、十七歳のとき隣村の「特殊小学」に教えに行ったことに始まる。この「特殊小学」というのがなにか、隣村がどこか、いまはわからない。柳瀬は福岡県直《のお》方市《がたし》大字植木に生まれているから、筑前の村のひとつだろう。

やがて柳瀬勁介は東京に住むが、「特殊小学」の体験を忘れなかった。忘れるどころか、一書生として天下国家を論じるたびに、旧えた身分の問題が未解決であるのが気になった。解放令が出ても、維新前となにひとつ変わらないのは、これは「世間」がいまだ「良賤の由来」を知らないからだ。ならば、その由来を知って、世間の「各人」の「感覚」が変わるほかはない。このように柳瀬勁介は考えた。

そして、前人未到の「部落の歴史」の仕事にとりかかった。

完成すると、そこに書いた救済を実行しなければならない。すぐに台湾に渡ったが、目的を達成するまえに、セキリ（赤痢）にかかった。九州で同じ塾に学んだ友が、たまたま台湾にいた。権藤震二《ごんどうしんじ》という。刎頸《ふんけい》の友は変事を聞くと、すぐにかけつけた。台中《タイチュン》でふたりはおちあえたが、旅館のすべてに宿泊をことわられた。感染をおそれたのだ。苦労のすえ民家を借りた。（病院はどうなっていたのか、ベッドに空きがなかったのか、そのことに言及した本はない。）

死を覚悟した柳瀬勁介は、『社会外の社会・穢多非人』の原稿を権藤震二に託した。民家で十数日間、病とたたかったのち、一八九六（明治二十九）年十月十八日に逝《い》った。享年、二十九の若さである。伝染のひろがるのをさけるために、その持ち物のすべてが焼却された。

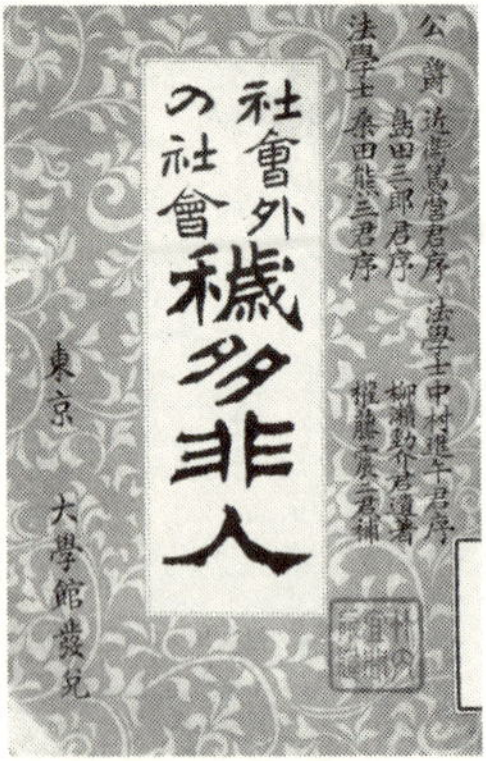

『社会外の社会・穢多非人』表紙

＊1 『朝野新聞』は自由民権派の新聞で、これに永島今四郎が「徳川制度」を連載して人気を博した、その中に弾左衛門の記録がある。『江戸の下層社会』（明石書店、一九九三年）という表題で復刻しておいた。

＊2 「穢多非人の由来」は、「史学会雑誌」

(「史学雑誌」の前身)の第一篇第十三号に掲載された。久米邦武は一八三九年生まれ、佐賀藩の出身で、『特命全権大使米欧回覧実記』を著した。一九三一年没。そのほかの関連論文をふくめて、『決定版 資料浅草弾左衛門』(河出書房新社)近刊予定。

四●子息と学者　柳瀬頸介を葬ったふたりの学者

1

柳瀬勁介には子がいた。台湾の台中でセキリにかかって死んだとき、妻と子は、東京で訃報《ふほう》に接した。子は道雄といった。まだ一歳であった。母は、労働少年と労働婦人の教養の向上のための仕事に就いていたというが、具体的にはわからない。女手で遺児を育てあげた。

勁介が死の床で友人に託した原稿には『新平民ノ既往及ビ将来』という表題がついていた。一八九八（明治三十一）年に、雑誌『天地人』に掲載された。このときのタイトルは「穢多考」である。単行本になったのは、一九〇一（明治三十四）年で、ちょうど二十世紀が始まった年だ。そのときのタイトルは、書肆《しょし》の意見で『社会外の社会・穢多非人』になった。菊判《きくばん》*1で一一四ページ、瀟洒《しょうしゃ》な体裁であった。高価な本であったが再版になった。

一九二九（昭和四）年になって『明治文化全集』の第六巻『社会篇』に再録される。そのとき、もう三十代になっていた柳瀬道雄のもとに「解説」の執筆依頼がきた。道雄の書いた文章はみじかいものだが、その最後ちかくに、「著者柳瀬勁介は私の父である」との一行がさりげなく挿入されている。ずっと柳瀬勁介の事績《じせき》について説明してきて、どうしてもひと言口にしたくなり、「著者柳瀬勁介は私の父である」と書いた。きわめて私的なこのひと言に、道雄の父に対する感無量な思いがこめられていて、ちょっと息がつまるようであった。

柳瀬道雄によれば、勁介は右の本を書くまえに、中江兆民[*2]や杉浦重剛《すぎうらしげたけ》[*3]、大江《おおえ》卓《たく》[*4]の教えをこうたとある。なかなかのメンバーである。しかし、かれらが「えたの歴史」を体系的に知っていたとは思えない。部落の現実や、断片的な過去の知識はもっていても、それらを時間軸にそってきちんと位置づけることはむつかしい。柳瀬勁介は失望したのではなかろうか。

こんどは、船越衛《ふなこしまもる》を介して浅草の弾左衛門の屋敷を訪ねている。そのことを友人の権藤震二が単行本の序文に書きとめておいてくれた。船越衛は、安芸広島の出身だが、大村益次郎がテロに倒れたあと、兵部省《ひょうぶしょう》（のちの陸軍省、海軍省）の中心人物になった。維新直後のことである。十三代弾左衛門（改名して弾直樹《だんなおき》［一八二三〜一八八九年］）は、軍靴製造の許可を取るために船越と交渉をもった。

そのときに始まった関係が、二十年以上たっても生きていたのである。老いた船越衛は、若い熱心な青年に頼まれるまま浅草の弾家を紹介した。柳瀬勁介は、今戸《いまど》橋《ばし》を渡り、当時、亀岡町《かめおかちょう》と呼ばれていた元「新町《しんちょう》」へ行った。しかし、弾直樹は数年まえに死んでいた。息子が二代目弾直樹を名のっていたが、柳瀬勁介に会って弾左衛門の歴史を語って聞かせたのは、元手代《てだい》の石垣元七《いしがきげんしち》だっただろう。亀岡町きっての物知りで、東京市議会議員にも当選している。弾家のとなりに住んでいた。若い客人に会うために羽織着で出かけている石垣元七の姿が目にうかぶ。（石垣元七の書いた「弾左衛門の歴史」については、拙著『決定版 資料浅草弾左衛門』に収録してある。これも部落史である）

柳瀬は自己の激情をぶつけ、石垣はそれにこたえたはずだ。

石垣元七（高橋梵仙著『部落解放と弾直樹の功業』 法政大学大原社会問題研究所蔵）

『社会外の社会・穢多非人』には、弾左衛門に関する記述がかなりある。『朝野新聞』の記事も参考にしているが、訪問の成果もあった。「弾左衛門由緒」が資料として巻末の付録に掲載されているのは、石垣元七が用意した写しかもしれない。

『社会外の社会・穢多非人』を探してきて読む。「一読、魅了されるだろう」と、まえに書いた。ちょっと挑発的ないいかただったかもしれない。そんなにいい本か。そんなにいい本なら、もっとまえにだれかが紹介して必読文献になっていたはずだ。

そういう声が聞こえてくる。

2

わたしも、そう思う。どうしてもっとまえに、この書が評価されなかったのだろうか。ちゃんと自分の頭で読むなら、部落史の基本的な認識がここにあるのがわかる。日本近代最初の部落史に、その後の史家がさがしもとめるものがあった。そのことに気がつかなかった責任は、柳田国男《やなぎたくにお》（一八七五〜一九六二年）にも喜田貞吉にもある。両人とも柳瀬勁介を読んでいる。読んで影響を受けている。しかし、それをちゃんといわなかった。

柳田国男に部落についての論考がひとつだけあるのはよく知られている。一九一三（大正二）年に発表になった「所謂《いわゆる》特殊部落ノ種類」である。そのなかに出てくる。

柳君ノ著「穢多非人」ハ二十余年前ノ研究トシテハ奇特千万ノ書ナレドモ、此二者ノ区別ヲ怠リ混同多シ。

「柳君」というのは、「柳瀬」のまちがいだ。「穢多非人」という著作名が、『社会外の社会・穢多非人』のことだと、わたしたちにはすぐにわかる。「二十余年前ノ研究」というが、正確には十二年まえである。ちょっといいかげんだ。「此二者ノ区別」とは、穢多と非人の区別ができていないという意味なのだが、これも柳田の誤読か曲解である。柳瀬が、各地方のえたの呼称を列記したなかに、「非人」がまじっているだけだ。えたと呼んでもいいのに、「非人」と呼ばれている例があるといいたいだけだ。そして、たしかに、そのような土地がある。「区別ヲ怠リ混同多シ」とはいいすぎだ。他をおとしめることで自分が優位にあるかのようによそおう筆法で柳田はこれをよく使う。

　喜田貞吉は、年下の柳田国男を尊敬している。当然、「所謂特殊部落ノ種類」を読む。柳田が部落をどう見ているのかが気にかかる。柳田国男が若いころとおなじように、牧畜を仕事とした「別ノ民族ナルヘシ」などと、いまだにいっているとこまる。そういう心配もあって読む。そして、さきに引用したように、柳田が、柳瀬の『社会外の社会・穢多非人』を問題にしてないことも知る。

　そして、喜田貞吉もまた柳瀬勁介の仕事をきちんと評価しなかった。そのくせ、のちに書いたものには、柳瀬の影響が如実に見てとれる。部落史をとらえる視点が似ているし、例証にもってくる話におなじものがある。

顕著なのを、ひとつだけあげておく。

喜田は『新撰姓氏録《しんせんしょうじろく》』*5をひもといて、皇別《こうべつ》三三四名、神別《しんべつ》四〇四名、諸藩《しょはん》三二五名などと分類する。諸藩は、中国や朝鮮から渡来してきた人だ。これの数字は、いかに渡来の人が多く、しかも日本社会によく同化していることをいいたい。

『社会外の社会・穢多非人』でも、「皇別」「神別」「諸藩」とわける。数字にわずかなちがいがあるが、ほとんどおなじだ。そして、柳瀬は「千年以前既に外国渡来の民か《原文ママ》国民三分の一以上を占めたり」と書いた。

喜田は柳瀬の方法を取りながら、ことわらない。あたかも自己の発見のように述べる。柳田や喜田ですら身につけている、右のような「官学出身者的態度」が、法律を勉強する一書生のすぐれた研究を闇にとどめたのである。

*1　菊判は本の大きさ。九三九ミリ×六三六ミリ。
*2　中江兆民は自由民権運動家。『新民世界』で部落について論じた。
*3　杉浦重剛はジュウゴウとも読む。雑誌『日本人』で日本主義を唱え、『樊噲夢物語《はんかいゆめものがたり》』で南洋移住論を展開した。
*4　大江卓は民部省在籍のころ賤民制度の廃止を訴えた。

＊5　京を中心にした一一八二の氏族の系譜で八一五年にできた。

五●維新と肉食

良賤の由来をつまびらかに

1

柳瀬勁介の仕事はきちんと評価されないままほっておかれた。まず『社会外の社会・穢多非人』を読んだ柳田国男や喜田貞吉が、世間の注意をうながすべきだった。それがそうならなかった。そうならなかったばかりか、柳田はデタラメの批判をくわえた。喜田は影響をこうむりながらも、無視した。

柳田や喜田を読んだ人たちが、日清戦争の直後に台湾で死んだ法律学の書生に、たいした期待をもとうとしなかったのも、むべなるかなである。

2

それでも柳瀬勁介は忘れられなかった。すでに書いたように、一九二九（昭和四）年に木村毅《きむらき》*1が編集代表の『明治文化全集』に収録された。この全集は、戦後になってなんどか復刻される。わたしが読んだのも、復刻版のコピーでであった。

　柳瀬がなにを語ったのか。すこしだけ内容にふれる。こんにち、『社会外の社会・穢多非人』を所持しているかたは、わずかでしかないからだ。

　内容は、目次を追えば、「名称」「起原」「状態」「擯斥《ひんせき》の原因」「救済策」にわかれる。

「状態」の章は、さらに、地位、身分、社交、通婚、裁判、欠落《かけおち》、風俗、職業、衣食住、語調、容儀、信仰、宗派、道楽、人口などに細分されている。なにが書いてあるのか、だいたい想像ができる項目もあるし、なんと書かれているのか知りたくなる項目もある。

　ほかに、付録として「浅草弾左衛門由緒」と「大阪西浜町ノ来歴」がある。

　さて、肝腎の柳瀬の基本的な歴史認識だが、わたしがまとめてみると、つぎのようになる。維新の年に生まれ、明治とともに歳をかぞえた柳瀬は、まさに「明治の子」といえる。つまり、明治維新のかがやかしい革命性を信じることができた世代だ。「五ヵ条の誓文《せいもん》」は、柳瀬自身もまた誇らしく語るスローガンであった。そして、部落への差別はこの誓文に違反していた。

　そもそも明治昭代《しょうだい》の今日、復た旧来の陋習あるへからす。

と柳瀬は考える。明治という「よく治まっている」時代に、むかしの「悪い習慣」があってはならない。

国民にして苟くも斯の御宣旨に背かば明治革新の美果夫れ将た如何にして収め得へきや。

ともいう。国民が五ヵ条の誓文を守らなければ、明治維新のすばらしい果実をどうして手にすることができようか。柳瀬はこの立場で部落解放をとなえた。ということは、天皇のいうことにしたがわないのはおかしいという。

柳瀬勁介（1868-1896）23歳の頃（復刻版『明治文化全集』）

これは大江卓がばらまきつづけた思想だから、面会したときにふきこまれたのかもしれない。この理解だと、「解放令」が天皇の名で出なかったのなら守らなくてもよいかのごとくだ。実際、「解放令」は天皇の意志で出たのではない。部落の無税の土地を売買の対象にするためだということを、上杉聰《さとし》氏[*2]がすでに指摘している。わたしは、さらに、死牛馬処理の必要がなくなったために、その仕事に従事していた身分を「解放」したとつけくわえている。

柳瀬勁介の思想には復古神道《ふっこしんとう》の影響もある。これは廃仏毀釈《はいぶつきしゃく》と表裏をなしている。つまり、神道は正しく、仏教はまちがっていると強調したい。そのついでに、大化の改新の時代を賛美する。

このような思想は維新直後の社会が理想としたもので、そんなに個性的ではない。その個性的でないものが、個性的になるのは、世の中の考えがどんどんと変わったからだ。世間が変わって柳瀬がとどまりつづけたからである。さきに柳瀬を「明治の子」としたが、「革命の申し子」としたほうがよかったのかもしれない。

(維新後)制度は革新され文物は進化し、人権伸び階級廃れ、足軽既に侯伯に陞《のぼ》り百姓一躍大臣に任す。

身分制は廃止になり人権は伸長した。足軽だった者がいまでは侯爵《こうしゃく》や伯爵《はくしゃく》になっている。それなのに部落の境遇だけがあらたまらないのはなぜなのかと柳瀬はつづけて書いた。ここに、はやくも「人権」というカテゴリーが出てくるのに注意してほしい。柳瀬にとって、部落の残存が、「近代」への違反であると思えた。この判断も重要である。

なぜ、部落だけが近代の思想に抗して残ったのか。その残った理由を、「世間未だ良賤の由来を詳《つまび》らか」にしてないからだとした。部落の歴史がはっきりとしてないから差別が残ったと考えた。はっきりすると、偏見はすみやかに退散するだろう。そこで、柳瀬は、近代最初のまとまった部落史を書いた。この考え方は、高橋貞樹とおなじだし、こんにちまでつづく考えである。

しかし、歴史を知らないことと、差別をしてしまうということを、単線的に結びつけることはできない。維新後に非人身分がとりあえず解放されたのは、非人の歴史が知られたからではない。

3

柳瀬勁介は部落の「淵源《えんげん》」を、「餌取《えとり》」においている。時代を経るうちに、そこに俘囚《ふしゆう》（捕虜）や落魄《らくはく》した人たちが流れこんだとする。わかりやすく説明するために図までそえている。

いま、この図のこまかい検討はできない。

結論だけを紹介すれば、日本史に流れるこの一流が「擯斥《ひんせき》」されたのは、「肉食」に主要原因があった。肉食をしたために忌避されることになった。「肉食禁止」の前近代から、「肉食奨励」の新政府へと、食生活のドラスティックな変化に遭遇した柳瀬にとって、肉食の意味はよくわかった。

かつて肉食をいやがるのは、世間の通念であった。この場合の「肉食忌避」は、一種の文化概念である。日本人のアイデンティティのようなものだといっても、いいすぎではない。なにをもって「肉食」というかは、時代により、地域により、情況により、職業により変化する。サカナや貝は食べていいのかといえば、盆などではそうはいかない。その判断はむつかしい。でも、日本人ならば、いつ肉食をして、いつ肉を食べてはいけないかが、わかるはずだという合意（アイデンティティ）があった。トリやサカナは、パスしたりパスできなかったりしたが、牛と馬は絶対パスしなかった。「ヨツアシ」というときに、タヌキは思いうかべないで牛と馬をイメージして平然としていた。

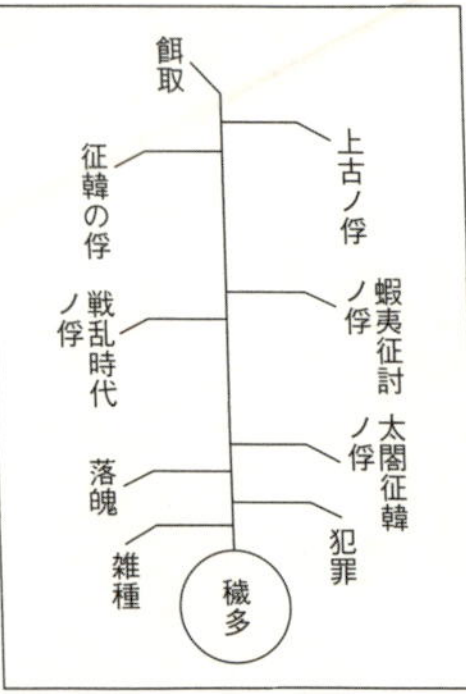

『社会外の社会・穢多非人』
柳瀬勁介

しかし、明治維新はこの禁則をはずした。はずしたどころか、「栄養」というキーワードをもってきて、牛乳、チーズ、バター、ヨーグルト、すき焼きを奨励した。「明治昭代の世」では、もう肉食をしたからといって差別されるいわれはなくなった。あれほどケガレを気にしていた宮中で天皇がビーフステーキを食べて見せたのだ。

解放されたえたを「新平民」と呼んでふたたび差別するのはこのことから考えてもまちがっている。そう柳瀬勁介は訴えた。

＊1　毅はタケシとも読む。大正・昭和に活躍した評論家。明治文化の研究者。

＊2　上杉聰『明治維新と賤民廃止令』（一九九〇年）

六●廃仏と尊神　仏教がえたを排斥したのか

1

柳瀬勁介は、「文明開化」のスローガンのもと、「肉食奨励の時代」に当面して、この食習慣に注目した。

食は、「食文化」とさえ表現されるように、時代の文化に左右される。ソバやウドンやソーメンとならぶほどに、ラーメンやスパゲッティが好まれるようになったのも、文化的な背景がある。ハンバーガーの普及などは、米軍による日本支配を想起しなければ説明ができない。

食材、調理法は、時代から自由ではないのだ。その食材のなかで、とくに肉は、日本では政治の介入を受けつづけたという点で、もっとも特異である。食材のうちで、これほどに、政治、社会、経済、文化、宗教と結びついていたものはない。肉にも、魚肉、鳥肉、鶏肉、豚肉、鹿肉、犬肉、猿肉、牛肉、馬肉、それに、貝類や虫類などがある。これらの肉がどのようにあつかわれたのかは、時代によってちがう。同時代にあっても、地域でちがい、公家や武士でちがう。都市町人と農民とでもちがう。もちろん、農民とえたとはちがう。また、神官か酒屋かなど、職業でもちがう。前述したように、喪中とか、祭りとか、祈願中とかでもちがう。

たいへん複雑だ。複雑だが、とてもおもしろいから、論じだすと、きりがない。柳瀬勁介は、この「肉食の歴史」に注目した。牛馬を食べたグループと食べなかったグループに区別し、食べた階層が差別された、と考えた。食べた階層が差別されたのは、仏教の教えのせいだとした。

2

柳瀬勁介はこのことをだれかれから学んだのだろう。

一八六八（明治元）年には、「神仏分離令」が出た。神仏が混淆習合《こんこうしゅうごう》した従来のスタイルから、神社と仏寺をきりはなす。きりはなしたついでに、寺のほうはぶっこわしてしまう。そんなケースも多い。幕藩下で寺がもっていたものすごい権力をそぎとる。その一方で、神道の国教化がもくろまれた。江戸時代には寺の悪口をいうとバチがあたったが、柳瀬勁介の育った時代は、仏教を批判していれば無難だった。

一八九二（明治二十五）年のことだ。帝国大学の久米邦武《くめくにたけ》は、『神道《しんとう》は祭天《さいてん》の古《こ》

その肉を狙おうとした天狗（実体は僧）が穢多に捕まる場面

俗《ぞく》』でもって、神道家を批判した。神道家は、それを天皇批判にすりかえてさわいだ。文部省は久米の首を切り、帝大をやめさせた。

柳瀬勁介は、このとき二十五歳である。すでに東京にいて、部落史の史料収集にとりかかっている。久米邦武の事件を知ってはいただろう。事件以降、神道批判はやりにくくなった。神社側は点数をかせいだ。

しかし、神道の政治的・世俗的な力に、柳瀬勁介が配慮したということはない。「維新の子」の柳瀬には、はじめから神道への親近感があり、ひるがえって仏教をいかがわしく思うところがあった。柳瀬は書いた。仏教が、肉食をいやしいものとした。仏教が肉食を忌避すべき行為だと断じた。そのため、肉食をしていたえたが、不当にも、蔑視されることになった。

このように仏教に責任をおしつける考えは、

13世紀末、鎌倉時代に描かれた『天狗草紙』。京の四条河原で皮を干す穢多。

神道が政治と結託して力をもっていた一九四五(昭和二十)年までつづいた。久米だけではない。喜田貞吉も三好伊平次《みよしいへいじ》(『同和問題の歴史的研究』)もおなじように、仏教にケガレの普及をおしつけている。

3

わかりやすくしようと、いささか単純化しすぎた。久米だって、喜田だって、三好だって、神道の歴史についてもふれている。神道と肉食の関係を論じている。

神道においても肉食とケガレは関係しているが、むつかしい。なぜか。神道には、ちゃんとした宗教論がないからである。そのことを、久米邦武は指摘したのだ。神道家のコンプレックスに火をつけた。神道家は怒ったが、そのとおりなのだ。仏教の教典の膨大な量を思えば、祝《のり》祠《と》[*1]などがなにほどのことを告げてくれようか。

　神道にちゃんとした宗教論がないので、わかりにくい。自分の体験した神社のイメージが先行したりする。神社がイケニエの慣習をいまだにもっていたりする一方、神社の周辺は聖域にされて殺生を禁止されていたりする。天皇の御所も神社に準じて聖域になる。そこに、死穢《しえ》・血穢《けつえ》をもちこむことは、極力さけなければならない。京都御所こそが、鴨川の河原で肉を食う人からは、もっとも、かけはなれた場ではないか。

　でも両者の存在は、深くかかわりあっているのだ。「えた」という言葉の指示する概念は、天皇という権力の周辺ではじまる。当初は天皇の権力のおよぶ範囲にのみ存在した。武家政権になると、武家が天皇とどれほどの距離にあるかで、「えた」という存在を生みだすかどうかになる。[*2]それまでは、手工業者だった皮作りが、「えた」になるかどうかだ。天皇の影響がおよばなければ、いかに寺が普及していても、「えた」は誕生しない。農民が、みずから皮をなめしている。

　すこし話が走りすぎた。柳瀬勁介は神道が汚穢《おえ》をきらうこと、また、お祓《はら》いでもって清浄《せいじょう》になるという儀式について述べたあと、つぎのように結論した。

> 千二百年代以後は上下を挙《こぞ》って仏説に惑溺し、盲議《もうぎ》聾讃《ろうさん》ついに国家百年の長計を謬《あやま》りたること少しとせす。曾《かつ》て神事にのみ穢として忌みしもの常事に忌むの風を養ひ

「ゑた」擯斥の大根底を為すに至れり。

西暦五四〇年代以降、えらい人も、えらくない人も、こぞって、仏教に洗脳され、よくわからないまま、これをほめたたえた。そのため、国家の未来にあやまりをもたらした。「盲議聾讃」とは、差別的な言葉だ。「盲」はいつも、おとったもののたとえに使われる。ここには、「聾」まで動員されている。

柳瀬の結論はこうだ。むかしは、「神事」のときだけ「穢」を忌《い》んでいたのだが、仏教のせいで、いつでもどこでも穢を避けるようになってしまった。そして、えたが排斥されだした。

＊1　神道の祭典で神に奏上する言葉。
＊2　ここはむつかしい。武家が誕生し、源平が天皇・公卿《くぎょう》に接近したとき、ケガレの壁がくっきりと現れた。くわしくは文春新書『江戸の貧民』（二〇一四年）参照。

七●飢饉と馬食　仏教批判が為政者の姿勢を隠す

1

「馬食《ばしょく》」という言葉がある。「牛飲馬食《ぎゅういんばしょく》」というふうに使用される。意味は、馬のようなおおぐい、である。これは、あくまで、「馬が食う」のだ。それでは、「馬を食う」という意味の熟語があるのか。ちょっとさがしてみたが、見つからない。

馬は食べるものではないから、そういう言葉は不要だったのか。よくわからないが、馬を食べる行為も、「肉食」とか「食肉」という熟語にふくまれてしまうようだ。

2

柳瀬勁介は、その先駆的な部落史『社会外の社会・穢多非人』で、「肉食」こそが、えた差別のメルクマールになるとした。あとから部落史にとりかかった喜田貞吉は、肉食にプラスして、皮革生産もまたメルクマールになるとした。もちろん、喜田のほうが正確だ。

そろそろ喜田の部落史の骨格を述べるときがきたのだが、どうも、「肉食」という言葉が生みだすイメージがあいまいだ。あいまいすぎて、気にかかる。柳瀬も喜田も、「肉食」という言葉を抽象的に理解している。仏教でいう「ニクジキ」という概念によりかかってすましている。すこし検討しておいたほうがいいようだ。

よく知られているように、法令でもって肉食を禁じたのは大化の改新以降百年間の天皇だ。くりかえし、禁令を出した。

一方、宗教的な信念にしたがって断肉《だんにく》を奨励したのは、仏教徒であった。

神仏が混合する時代がずっとつづくので、神官と僧侶のどちらがよく断肉していたかは、判別しにくいだろう。しかし、いずれにしろ、かれら精神界の指導者は、「ニクジキ」という観念にとらわれていた。

公家や武士という世俗の権力者も、神仏を支配のためのイデオロギーとして利用しているかぎりは、精神界の観念を無視できなくなる。牛乳を煮て飲み、「蘇《そ》」というバターかチーズまがいのものを食する習慣を維持していても、あるいは鷹狩りで鳥獣をつかまえる楽しみをつづけていても、「ニクジキ」という観念は頭のすみに巣くっていた。それはあたかも、「カンキョウ」という言葉を知っていても、ゴルフをする楽しみをやめられない人とおなじである。

やがて仏教が大衆化すると、農民のあいだにも、「ニクジキ」という呪文《じゆもん》がひろまる。が、すでに味を知っているイノシシやシカやタヌキやウサギやニワトリの肉を、焼いたり炙《あぶ》ったり、鍋ものにしたり煮こんだりして食べる楽しみを、どうしておさえることができようか。コメは税として徴収されてしまい、コメを作る者が、もっともコメと縁がない。しかも、激しい労働で、腹はいつもすいている。魚貝はもちろん、キジ・ヒバリ・ウズラ・カリ・ツル・シギ・カモなど、捕獲できればよろこんで食べた。

食べるのを遠慮したのは馬と牛だけだった。イヌとサルにたいしても、ちょっとだけ遠慮するようになるが、これは親近感がよびさまされたからで、個人的な嗜好《しこう》の問題である。

馬牛だけは、坊主のおどしもあったが、ほんとうは、お上《かみ》の目をおそれて食べなかった。死んだ馬を、馬捨場《うますてば》に運ばないで食ってしまった農民が罰せられた記録がある。公共の馬を食ったのではない。自分が馬喰《ばくろう》(博労)から大枚《たいまい》を支払って買い、自分で飼っていた馬である。それでも許されなかった。

3

つまるところ、民衆にとっての肉食禁止は馬牛だけにしぼられる。馬牛以外のさまざまの肉は、入手さえできれば、多くの人が楽しんだのである。仏教の「ニクジキ」という観念は、このときすでに換骨奪胎《かんこつだったい》されているといえよう。あるいは、ご都合主義的に利用されたにすぎない。

右のことに、柳瀬勁介も喜田貞吉も気がついていない。だから、仏教が部落差別の元凶のように思いこむ。仏教徒の共犯性をいわないのもおかしいが、すべてをおしかぶせてはいけない。柳瀬も喜田も、すべての責任を仏教におしつけたために、「生産手段としての馬牛保護」という、為政者《いせいしゃ》の政治的な姿勢が見えなくなった。

江戸時代、農家が保持する馬牛の頭数は、寺や名主に報告しなければならなかった。馬牛にも戸籍《こせき》がついてまわったのだ。馬食すると僧侶がしぶい顔をするだけではなく、お上が怒るのである。だから馬牛を食べた記事はすくない。やばい記録は残さないものだ。飢饉のときぐらいにしか記録されない。

4

生きるか死ぬかというときにはなんでも食べる。背に腹はかえられない。

菅江真澄《すがえますみ》*1が、『そとがはまかぜ』に書いている。一七八五（天明五）年に、菅江真澄は青森県津軽《つがる》に旅をした。二年まえの天明の飢饉のときの骸骨が道ばたに打ち棄てられている。しゃれこうべの目のくぼみから、ススキやオミナエシが生い出ている。

そのとき聞いた話だ。生きた馬をつかまえて食った話だ。

いき馬をとらへ、くびに綱をつけてうつばりに曳きあげ、わきざし、或小刀をはらにさし、さきころし、血のしたゝるをとりて、なにくれの草の根をにてくらひたり。あら馬ころすことを、のちのちは、馬の耳にたぎり湯をつぎいれてころし、又頭より縄もてくゝり、いきつきおへず、すなはち死うせ侍りき。

なん頭《とう》かを殺している。始めは、馬の首に縄をかけて梁《はり》にぶらさげ、脇差や小刀を腹に刺して殺した。たぶん、馬が苦しんであばれた。そのつぎには馬の耳に熱湯をまずそそぎこんだ。この方法で馬が殺せるとだれかから学んだのであろう。最初のときは、肉にかぶりつくまえに、血で草の根を煮たという。このあたりの描写に、馬肉へのタブー意識がのぞいている。

東北地方でも、飢饉でないときは生きた馬を殺さなかったことが、これらの話でわかる。江戸中期、東北の農民は、上方の農民とおなじように、馬の殺しかたを知らなかった。

馬は骨だけになった。その骨をたきぎにまぜて燃やすと、野生のニワトリやイヌがやってきた。つかまえて食った。そのあとは、子や兄弟姉妹や仲間を食うのだ。人間

を食った者は、のちに藩主によって処刑されるが、目がオオカミのように光ったという。そして、馬を食った者は、

馬くらひたる人は、なべて面色黒く、いまも多くながらへて村ゝに在けり。

馬食した人の顔《つら》の色が黒かったというのは、人食《ひとく》いで目が光るのとともに、気のせいだ。悪いことをしたという意識があるからそのように思えてしまう。つまりタブーがあるからだ。馬食《ばしょく》は人食《じんしょく》のつぎにしてはならないことであった。

＊1　菅江真澄はいまでいう民俗学者。とくに東北地方を旅して貴重な記録を残した。一七五四年三河に生まれ、一八二九年没。

菅江真澄像（秋田県立博物館菅江真澄資料センター蔵）

八●観察と伝説　柳田国男の慧眼

1

柳田国男と喜田貞吉の部落論の根底にあるものはなにか。

ふたりとも、ビッグネームだ。だから書き残したものの重さがちがう。教科書のように読まれることもある。民俗学の泰斗《たいと》と歴史学の権威がいうことだ。さぞや、よく調べ、よく考えて、部落について発言したにちがいない。

だが、そうではない。それぞれの部落論の形成の核になったものが、意外と単純だということを指摘しておきたい。

つまり、今回、柳田と喜田の「両田」について調べていて、わたし自身がかつては夢にも思わなかったような単純さが、かれらの発想の根幹にあるのに気がついた。そのことをだれもふれていないので、当時の、つまり二十世紀初頭の部落史の水準を知る意味でも述べてみたい。

2

柳田国男の「所謂特殊部落ノ種類」[*1]（以後「所謂」と略）が発表になったのは、一九一三（大正二）年の五月のことである。明治天皇が死んで、まる一年とたっていない。乃木《のぎ》希典《まれすけ》と夫人の静子が天皇に殉死《じゅんし》したことについて、森鷗外が『阿部一族』を発表したりしている。一方で、平塚雷鳥《ひらつからいちょう》の「新しい女」が出たり、島村抱月《しまむらほうげつ》と松井《まつい》須《す》磨《ま》子《こ》の芸術座が創立されたり、中里介山《なかざとかいざん》の『大菩薩峠《だいぼさつとうげ》』の連載が始まったりしている。

そんな時代だ。新旧がいりまじってはいるものの、もう新しいものの力がつよい。柳田国男は、このとき三十代の後半だが、新勢力に属している。初期の柳田国男の論文には、モダニズムの影響が如実で、この「所謂」もまた、平かなを使用するところを、片かなで表記している。部落をテーマにした論文だけを片かなで書いたのはなにか、差別意識かと問うこともできるが、新しさを生むための努力だと、とりあえず見なしておきたい。

あるていどまとまった部落の歴史は、われらの柳瀬勁介の遺著以来、この柳田の「所謂」が出るまで、じつに、十数年を待たなければならなかった。[*2]いや、柳瀬勁介の私家版ふうの『社会外の社会　穢多非人』を知らない多くの人にとっては、柳田の「所謂」は、近代における部落史の嚆矢《こうし》として受けとられた。

柳田国男は、「所謂特殊部落ノ種類」をつぎのように書きだす。

穢多非人ノ問題ハ必シモ単ニ歴史上ノ珍タルニ止ラズ、現在ノ社会生活ニ対シテモ大ナル交渉アリ。

3

「穢多非人」の問題は、たんに歴史上のめずらしい問題ではなくて、こんにちの社会が現実にかかえている問題である、というのだ。そういう視点で論じる必要があるといいたいのだ。現実の問題として考えるならば、「穢多非人」の問題はむしろ論じないほうがいいのかもしれないとも、柳田はつづけて考える。北海道や大都市で、すでに「特殊部落」だという認識が消滅した部落がいくつもあるではないか。そういうところでは、外部からの「観察」がなくなり、部落内の人たちが自分たちの「伝説」を忘れることによって、部落が消滅している。

放擲《ほうてき》ハ寧《むし》ロ最上ノ策

ではないのか。行政の部落調査などは消滅のじゃまになるのではないか。また学者が部落史を解明していく行為も、それが学会外部にもれたときは悪影響をおよぼすかもしれない。

柳田はそんなふうに自問する。

学会ならばゆるされ、そうでなければ、ヤバイのではないかという考えは、こんにちにもある。しかし、部落民大衆に隠される部落史なぞはいったいなんなのか。一般大衆の目にふれるから表現を自粛せよといういいかたは、知識人の傲慢と差別性を露呈しているとしか思えない。

しかし柳田国男が、自己の論究もまた部落の消滅のじゃまになるかもしれないと心配しながらも、それでも「所謂」を記したのは、行政当局者の部落についての理解があまりにも浅薄《せんぱく》であったからである。当時の行政局の役人の理解では、部落が差別される理由は、一、職業が不愉快だから、二、生活が粗野だから、三、貧窮だから、というものであった。これらを改善することで、部落問題は解決するだろうというものであった。

柳田はそうであろうかと疑問をもつ。すでに、右の三点から脱している部落の人はかなりいる。しかし、かれらは、やはり市民から差別を受けている。差別を受ける理由は右の三点のほかにもとめられるべきではないか。そこで柳田はいろいろの理由をならべているが、部落史に入るまえの、そういう現実的な話には、たいして聞くべきことはない。

それよりも、さきに紹介した、北海道や大都市の部落が消滅したことに注意しておきたい。そこでは外部からの「観察」がなくなり、内部では「伝説」が忘れられた。この柳田の理解は、重要だ。つまり外部からの差別の視線の消滅と、内部の被差別の記憶の消滅によって、部落が解放され、たんなる集落になった。この理解から、部落の存在が、外と内の関係性によって成立していることが判明する。

＊1　「所謂」は、『定本柳田国男集』第二十七巻、筑摩書房に収録されている。

＊2　『社会外の社会　穢多非人』と「所謂」の間に、島崎藤村の『破戒』が出版されて世間の話題をさらっている。自費出版の「緑陰叢書」版の刊行は一九〇六（明治三十九）年である。

柳田国男

九●生殖と経済

柳田国男の限界

1

柳田国男はいまでは民俗学の泰斗《たいと》だ。柳田のいいところは、それまでは学問の対象にされなかった農民の生活や習俗に注目したことだ。民話を採集し解釈した。打ち棄てられていた民具の価値を説いた。おかげで、いなかを歩くのが、うんと楽しくなった。

また、若いころの柳田国男が、島崎藤村らの『文学界』にくわわり、そこに、和歌や新体詩を発表したのも、人の知るところだろう。しかしまた、柳田には農政学者としての官僚の一面がある。その官僚の一面が、部落について述べた「所謂特殊部落ノ種類」に如実に出ている。まえに紹介したように、部落差別の原因を貧困などに帰した行政局役人を柳田は批判するが、そのすぐあとに、つぎのようにいう。「特殊部落」が注意されなければならないのは、そこに「反社会的感情」があるから

で、しかも、

彼等ノ数ハ七十万アリト謂《い》ヘリ。即チ人口七十人ニ一人ノ割合ナリ。

である。とても多い、といいたいのである。「若シ彼等ノ智力進ミ同族内ノ統制力加ハラバ或ハ侮ルベカラザル一勢力タランカ」と書く。もしも、彼らが教養を高めて団結したならば、あなどりがたい勢力になるというのだ。そのことを、柳田がよろこんでいるのではない。心配しているのだ。つぎのような言葉をつけくわえているので、よくわかる。

前代ノ黔首ヲ愚ニスルノ政策ノ如キモ半面ノ理ナシトセズ。

つまり、江戸時代の衆愚政治《しゅうぐせいじ》も、半分ほどの正しさがあるという。「黔首《けんしゅ》」は、人民大衆のことだが、この場合は、部落民を指している。

語るに落ちる。柳田のほうが、行政局役人よりも役人らしい。

2

つづいて柳田国男は、「労力ノ供給者」として、部落民を検討する。そして「平民ニ比シ顕著ナル特性」が三つあるという。

ひとつは、「生殖率ノ大ナルラシキコト」だと考える。あとのふたつは、人口に比して土地がすくないこと、移動性がつよいことをあげている。つまり、部落民をプロレタリアート予備軍として捉えている。かれらを労働者としてむかえると、地方の経済の発展に寄与するだろう。

視点はあくまでも官僚的である。柳田の現状認識には、見るべきものがないと前回に述べたのは、こういうことだ。

ただ、柳田が書きつけた、部落の顕著な特性としての「生殖率」の話は気にかかる。「生殖率」という言葉を人間について、いまではあまり口にしなくなった。こんにち、人にむけて、おたくの生殖率は云々というと、いわれたほうは愉快ではない。愉快でないどころか、カチンとくる。しかし、柳田が生きた二十世紀初頭には、この言葉は科学的に思えた。人間を至上とする思想と、人間もまた動物だとする科学が、表裏《ひょうり》になっていた時代だ。だから、この「生殖率」は、農政学者の言葉として、あるいは農本主義の時代の官吏の表現として、いまは目くじらを立てまい。

しかし、「生殖率ノ大ナルラシキ」集団として部落民を指し示すときには、差別表現でしかなくなる。部落民は生殖率が高いというとき、俗情としてのセックスが見えかくれする。生殖率が大きいのは、たんに好色の結果でしかない、という倫理主義がある。

この時代、実際に「生殖率」が高かったのは上流階級であった。経済的な余裕のある階層だった。一方、下層の社会では、子をやしなえない。出生がふえて、ますます貧困になる。サンガー女史が産児制限の宣伝に日本にやってくるのは、この十年ほどのちのことである。

柳田国男が部落の「生殖率」を高いとしたのは、江戸時代を通じて部落（えた村と限定したほうがいいだろう）の人口が、周辺の農民にくらべて増加率が高かった。そういう知識があったからだ。そのことが、「生殖率ノ大ナルラシキ」集団という規定になった。

たとえば、江戸のえた身分が囲いこまれた弾左衛門の「新町《しんちょう》」の家数は、一八〇〇（寛政十二）年には、二三二軒であった。それが一八六八（明治元）年には四一七軒である。地方のえた身分の者で新町に住みたがる者が多かったようだが、めったに許されなかった。だから、二三二から四一七への変動は自然増と見ていいだろう。新町の「生殖率」はほんとうに大きかったのである。部落の人口増加が農民よりも大きかった理由を、浄土真宗の教えが浸透していたからとか、いのちのたいせつさをよく知っていたからという人もいる。が、そんなことはない。前近代までの日本の人口の増加が、経済的な制約下にあったのは、間引《まび》きがあたかも習俗のように話されているのを見ると、よくわかる。人口調節は、共同体を維持するための、強制であった。もし養うことができれば、だれが、いたいけな赤子の口をふさいだりするものか。

つまり、結論だけをいえば、「生殖率ノ大ナル」は、「経済力ノ大ナル」と、書きかえられなければなるまい。部落では増加する人口をやしなうことができた。

3

この章は人口の話に終始する。現在の部落民の人口がどれほどなのか。部落問題について論じながら、その現在の人口を正確に知らないということは、おかしなものではなかろうか。

柳田国男は七十万人と記した。元号が大正と変わったばかりのころ、一九一三年のころだ。七十人に一人だという。日本全体だと五千万ほどの人口か。

のちの水平社の運動のなかでは、三百万人六千部落といわれるようになる。[*1] しかし政府の統計では、「これをかなり下回っています」と、小松克己は、わたしとの共著[*2]で書いている。そして、別表をあげている。

正確につかめないのは、部落と部落民の定義がはっきりとしていないことにもある。関西の部落から東京に出てきて生活している人は部落民なのかどうなのか。前回の柳田国男の言葉のように、「伝説」が忘れられ、「観察」がなくなったときには、もはや部落とはいえない。Aが自分は部落民だといっても、Bもそうだといわないかぎり、部落民ではない。

ただし、江戸時代は身分制の社会だ。えた身分と非人身分は戸籍に記載される。人口ははっきりしているはずで、柳田国男のいう、七十人に一人よりも多かっただろう。なぜなら、皮革生産に従事する者の人口比率を七十分の一にしてはすくなすぎる。まして、部落の人は下級刑吏の仕事、貧病人救済の仕事、清掃業務の一部など、かなり幅ひろく公的な仕事をしている。

*1　高橋貞樹『特殊部落一千年史』に掲載されている府県別の人口は次頁の通りである。内務省の統計というが、東京などはもっと多いはずだ。高橋は各府県とももっと多いと記している。また部落外居住者、東京在住者などの記録も同書にはある。

*2　『どう超えるか？部落差別』緑風出版、一九九六年。各年の同和地区・同和関係人口調査表（上）は、同書より。

調査年	同和地区	同和関係人口
1921	4,853	829,773
1935	5,361	999,687
1958	4,113	1,220,157
1963	4,160	1,113,043
1967	3,545	1,068,302
1971	3,972	1,048,566
1975	4,374	1,119,278
1987	4,603	1,166,733

各年の同和地区・同和関係人口調査
注：1921年は内務省調査。1935年は中央融和事業協会調査。戦後は総理府・総務庁（1984年より）調査。

府県名	部落数	現在戸数	大正十(1921)年 七月現在人口
東京	46	1,651	7,658
京都	134	8,515	42,179
大阪	60	9,773	47,909
兵庫	339	18,547	107,608
長崎	23	505	2,519
新潟	32	580	2,929
神奈川	33	932	5,712
埼玉	300	4,758	28,139
群馬	235	3,959	24,516
千葉	22	474	2,588
茨城	47	700	4,368
栃木	92	2,052	13,114
奈良	71	6,427	32,678
三重	216	7,089	38,383
愛知	19	1,365	6,927
静岡	55	2,304	14,476
山梨	20	295	1,745
滋賀	65	4,882	25,819
岐阜	23	928	4,634
長野	288	3,200	19,263
福島	6	184	1,240
青森	1	37	186
山形	4	208	1,000
福井	5	478	2,318
石川	31	966	4,670
富山	200	1,444	8,242
鳥取	81	3,006	19,022
島根	79	1,565	6,492
岡山	297	8,806	42,895
広島	406	8,024	40,133
山口	117	4,006	19,878
和歌山	105	7,438	36,072
徳島	56	3,791	22,343
香川	63	1,900	9,867
愛媛	494	8,598	46,015
高知	70	5,477	33,353
福岡	493	12,914	69,345
大分	76	1,402	7,099
佐賀	22	418	2,508
熊本	57	2,524	13,240
宮崎	23	485	2,590
鹿児島	47	1,680	8,001
計	4,890	155,370	829,675

（北海道、沖縄、宮城、岩手、秋田——絶無または調査不能）

十●解放と隠蔽

解放令で部落があいまいに

1

柳田国男は、部落の人口の比率を、日本全人口の七十分の一とした。そんなにすくなくはないだろうというのが、わたしのコメントであった。皮革生産・下級刑吏・貧民救済・清掃事業など、えた部落の基幹になった仕事を勘案《かんあん》すると、とうてい人口の一・四パーセントではむりだろうというものであった。そのうえ、農業や履物《はきもの》や竹細工や灯心《とうしん》などなど、その社会的な分業の幅がずいぶんとひろい。

江戸時代は非人が組織されて、「非人のえた化」が急速にすすんだ。とくに江戸の非人は弾左衛門の配下に置かれ、えた身分とほとんどおなじ仕事に従事している。非人身分がいて、はじめてさきのさまざまな仕事が完遂できた。

むろん柳田国男が七十分の一と計算したのは二十世紀の初めであるから、すでに非人のほとんどは解放されている。非人が消滅したそのぶんだけ、柳田がいう「特殊部落」のパーセントが減っているともいえる。

それで、愚考した。つぎのように思ったほうがいいのか。北海道や東北地方には部落はわずかだ。沖縄にはない。土地によって激しく密度がちがうのを無視して、一律に日本全体の数字をはじきだしても、たいして意味がない。それよりも関西ではどれほどなのか。地域を限定して調べてみたほうがいいのではないか。部落民の人口について書いたあと、わたしはこんなふうに考え始めていた。

たまたまこの時期、『浅草弾左衛門』の文庫本のゲラを校正する毎日を送っていて、偶然にも、第二部その四「身分引上の巻」に、大坂の人口の記述を見つけた。まるでひとごとのようないいかただが、すっかり忘れていたので、他人が書いた本を読んでいて人口の記述に出くわしたようなおどろきがあった。

もう幕末もぎりぎりの場面だ。弾左衛門は、摂津《せっつ》・河内《かわち》・播磨《はりま》の三国から人足《にんそく》を選んで徳川の長州征伐を援助しようとした。そのとき、部落の人口について調べる。

弾左衛門が調べたのだが、弾左衛門について書いているわたしも調べた。十三、四年もまえのことだ。な

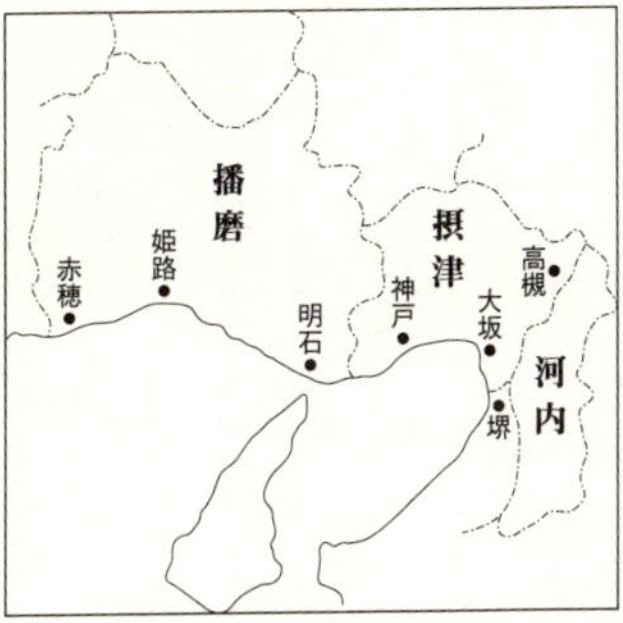

んの本で調べたのか忘れている。でも、小説の巻末には参考にさせてもらった本のリストをあげている。それらのうちの、どれかからだろう。わたしが空想で数字をならべたということはけっしてない。

さて、そこにはつぎのようにある。

右の三国の総人口は、一二四万人。

内、皮多《かわた》（えた）は、五万四千人。

これだと人口の二十三人に一人がえた身分になる。

2

二十三分の一は四・三パーセントだ。

武家や僧侶神官や農民や漁民などのパーセントなどと比較してみて、かなり納得のできる数字だ。えた身分にあたえられた役をこなすためにも、これくらいの人口は必要であっただろう。もちろん、この二十三分の一のほかに非人がいた。組織されていない野非人もいた。非人は戸籍があって正確に数えられるが、野非人は無国籍だ。無宿の数がわからないのは、こんにち路上生活者の人口が正確にわからないのとおなじだ。

維新後、解放令が出て賤民の数は制度的にはゼロになる。ひとりもいなくなる。そしてここからがむつかしくなる。解放されてゼロになった者を、これまでどおりに在らしめようとする一大勢力があった。幕末の動乱の外におかれたまま、その生活も意識も、すこしも革命されることのなかった農民である。

大部分の農民の希望は、減税のほかは、なにも変化しないことであった。徳川のころのままの生活が維持されることを願った。農民は新政府の法令を無視した。新暦の採用にあらがっていつまでも旧正月を祝いつづけたように、解放令にもしたがわない。

解放令反対の一揆[*1]があちこちでもちあがる。農民はすぐそばにあるえた村を襲撃した。しかし、一揆が新政府の武力によって鎮圧されると、農民は表面は沈黙し、現実においてひそかにえた村を存続させる道を選んだ。名をすてて、実をとることにした。タテマエとホンネの使い分けが始まった。部落は非合法に存在させられることになる。柳田のいう外部からの「観察」がつづいたのである。

部落の数を調べ、構成員の人口を調査することは新政府にはできない。それは、すでに解放され、ないことになっているのだから。そして部落が見えなくなった。土地の農民には具体的に見えている部落が、国からは見えない。部落はその場所も数もあいまいになった。

わたしは、明治初年の右のような政治のねじれのなかで、こんにちにつづく近代被差別部落の特色が形成されたと考えている。

もちろん現実に存在している部落は社会問題になる。そのとき政府はさまざまな調査をせざるをえなくなる。そして、それらの調査がいまのわたしたちに、近代前半の被差別部落（特殊部落）について、いくらかのことを教えてくれる。とはいえ、解放令は撤回されたわけではない。戸籍に、「もと穢多」という記載がされたりしたが、それこそおかしい。

農村の被差別部落はいまでも集落を形成している。前近代の村域よりも外に出ているのが普通だが、まわりの農民は、どの家が部落の人かよく知っている。その知識がなければ、その土地に住めないというふうなところがある。しかし、どこが部落かは公《おおやけ》にはならない。このような近代部落のありかたもまた、こんにちの部落民の人口があいまい模糊としている理由になる。

東京の部落は、もっとむつかしい。

3

一例。

わたしは、さきの『浅草弾左衛門』を書いていたとき、東京都杉並区荻窪《おぎくぼ》に住んでいた。アパートのまえが善福寺川《ぜんぷくじがわ》だった。むかしが知りたくて、アパート周辺の江戸時代の古地図を見つけてきた。わがアパートは河原にあり、一帯は農地だった。台地のうえに大家《おおや》の名が記載されていた。いまの大家の家とおなじ場所である。わたしのアパートの下流にえた村があった。三軒だけが、ぽつんとある。この場所はいまは一戸建ての住宅がびっしりとならんでいる。中央線の荻窪駅から徒歩七、八分。みんなが住みたがるような場所だ。

ここに三軒のえた村があったことはだれも知らない。柳田国男のころ、ここが部落の人口にかぞえられたのかどうか。でも、この三軒のありかたも部落の歴史になる。

＊1　「解放令反対一揆」は、農民による「近代化反対一揆」の一項目だと把えるほうが妥当だ。『解放令の明治維新』（河出ブックス、二〇一一年）を参照。

十一●漂泊と定住　サンカについて

1

気がおもむくままに部落の人口についてあれこれと述べた。もっと適任の研究者がいるだろうに恥ずかしいしだいである。

そろそろ、柳田国男にもどり、「所謂特殊部落ノ種類」の核心の部分にふれよう。柳田のいう「特殊部落」には、非人はもちろん、茶筅《ちやせん》*1、鉢叩《はちたた》き*2、クグツ*3、サンカ*4なども入ってくる。古来からのさまざまな賤民について語るのが、柳田の本意でもあるかのようだ。

「特殊部落」の歴史は、あらっぽい要約になるが、つぎのようだ。

なんらかの事由によって、荘園時代に土地を離れた人たちが、漂泊の生活を送っていた。ほんのちょっとした理由ですぐに引っ越さねばならない。そんな生活だ。戦国の世になり、それぞれの城下町は警戒を厳重にした。流浪の一群に細作《さいさく》（スパイ）がまじっていはしないかと猜疑の目で見られた。このとき浮遊の徒はいちじるしく社会上の地位を低下した。あわてて土着しようとしても、もはやよい場所は、古くからの農民によってすでに占有されていた。柳田は、特殊部落が「其村ノ地中最モ不用ナル空閑ヲ占ム」といった。空閑《くうかん》は空間と同じ意味だ。つまり、かれらが定住したのが、農民よりもおそかったからではないかと推測した。その理解が当をえているのかどうか。

柳田国男の故郷の兵庫県のあたりでは、「何島」というふうに「島」がつく名のえた村が多い。この場合の「島」は、洪水のあとに新生する河原のことだという。一方、これはわたしが実地体験したことだが、関東のほうの農村部では、しばしば日当たりからなにから、いい環境の部落がある。まわりの農家となにもちがわない。これは戦国時代に関東ではまだ土地がたくさんあったと解釈していいのか。それとも、武士が街道警備などを考えてそこへ置いたと考えるのか。

結論は出ないが、柳田国男が特殊部落の立地条件を問題にするのは、放浪か定着かのスタイルを重要視してである。そして、ついに、この農政学者は、つぎのように結論する。

こんにち、旧えた身分は定住しているのであるから、あと一歩で「常人」になるだろう、と。

穢多は数ニ於テハ甚大ナリト雖《いえど》、其改良ハ唯《ただ》一歩ニシテ、或ハ中古伝説ノ忘却又ハ其成立ニ関スル理解ヲ以テ簡単ニ之ヲ常人階級ニ迎入《むかえい》ル、望《のぞみ》アリ。

柳田が数えた七十万人という特殊部落民は、数でいえばはなはだ膨大である。といえども、あとわずか改良し、「伝説」が忘れられ、「観察」がなくなれば、つまり部落の形成史が理解されれば、「常人階級」と同化ができる。そうなれば、と柳田はつづけて、「尋常ノ救貧政策」でもって対応すればよい。いまのことばでいえば、福祉の対象にするということになる。だが、八十年まえのこの結論は、少々、楽天的であったのかもしれない。

そして、柳田は、特殊部落に対比して、サンカについて述べていう。サンカという存在の社会的な解決は、かれらが「一所不住」であるので、こちらはきわめて困難であろう。八十年後、いや、柳田の発言から四十年後には、箕《み》作りのサンカはいない。柳田の予想と正反対に、すべからく「常人階級」と同化を果したのである。

2

サンカについて、『所謂』の最後の部分で、柳田は悪しざまに語っている。

いわく、サンカは一般の社会的教育を欠くために、一朝、反乱におよんだときは、その害は深刻である。ふつうの盗賊のように、目的と手段がつりあっているかどうかなどと勘案しない。わずかな銭をとるために、家に放火し、人を殺傷する。サンカはすくなくとも十万人いて強固に団結している。仲間の犯人をかくまう方法も巧妙である。これに対処するには、ただに善政でもってしてはだめであろう。さまざまな「必須の政策」をとり、まずは「編貫ノ事業」に編入しなければならない。この「必須の政策」に警察権力の行使をふくめていると思える。「編貫ノ事業」とは、戸籍の作成である。

柳田はサンカの犯罪について滋賀県大垣の警察署長から聞いた。一九一一（明治四十四）年七月のことである。ここ数年に多発しているサンカによる強盗、放火、追剝《おいはぎ》などについて教えられた。凶器がウメアイという短刀であること、かれらの生活は川べりで「せぶり」しながら、季節によって山地を縦断して移動する。柳田は大いに興味をしめし、すぐに、『人類学雑誌』に、「『イタカ』及び『サンカ』」の連載を始めた。

しかし、柳田の論考や、サンカへの一般市民の関心のたかまりは、不幸にも「サンカ狩り」に根拠をあたえることになる。警察署長がサンカ情報を学者や記者にリークしたのも、世論をリードして弾圧の地ならしを目的にしていたのかもしれない。前年に大逆事件がおきていることとも関連しているだろう。やがて警察によるサンカ狩りが実行され、戸籍の取得の強制へと事態は展開する。

3

この稿では、柳田国男がサンカに興味をもち、すぐに、それについて論じたことだけに注目しておく。「『イタカ』及び『サンカ』」の連載は翌一二年におよんだ。翌々年、「所謂」を書き、ふたたびサンカの凶暴性について、人々に覚醒をうながした。

柳田には、さまざまな賤民についての知識がある。賤民とはなにか、と自問するとき、それらの知識がせめぎあっておしよせてくる。だから、ことはかんたんではない。なかでもサンカについてしめした関心の強さは、そこに、賤民の原型のようなものを見たかったからではないだろうか。柳田と同時代に、賤視され排斥されている賤民の一団が存在しているのだ。どうしてそれをもってして、過去の賤民の存在の仕方を類推してみないはずがあろうか。

サンカの主たる仕事は、箕作りである。竹を編んで作る。箕を農家に売るために山からおりてくる。しかし、この仕事はサンカの独占ではない。サンカは職業によって差別されてはいない。柳田はあれこれと思考したのち、サンカの流浪性にこそ、排除をこうむる根源があるとした。そして、前述したように、漂泊と定住という座標のなかに、各賤民を位置づけることになる。

柳田国男は、近代国家が徴税や徴兵を完全に実施するため、無国籍の者の撲滅をはかるのを第一義にし、戸籍のないサンカが目のかたきにされたのに気づかない。いや、知っていても、その国家の目的は、国家の従僕である柳田国男にはごくごく正当に思え、それをうたがうことができなかった。ために、非定住の者こそが賤民だと錯誤した。[*5]

『山窩の生活』（鷹野弥三郎著・塩見鮮一郎解説、明石書店）よりサンカの「セブリ」

*1　抹茶《まっちゃ》をたてるときにかきまわす竹の道具。これを売り歩く人。

*2　鉢を叩きながら米銭を乞う放浪人。

*3　「傀儡」と書く。人形をあやつる辻芸人。古くは、くぐつの女は遊女をかねた。

*4　主として「箕作り」を指す。箕《み》は大きなざる。明治末に凶悪犯罪がおきるたびに、山窩《サンカ》のせいだと警察がリークした。柳田が考えているようなサンカは、歴史上どこにもいなかったというのは皮肉なことである。

*5　賤民を非定住として把えようとする論考は戦後も多い。そのとき、えた身分の定住性は忘れられる。

十二●余所と内々

喜田貞吉の郷里の部落

1

柳田国男は大垣警察署長からサンカについてくわしく教授をうけた。そのとき耳にした話を頭において、賤民の誕生の根幹が、漂泊か定住にあるのではないかとした。つづいて部落について発言した喜田貞吉《きたさだきち》も基本的にはこの立場だ。

喜田は柳田よりも五歳年上の歴史学者だ。柳田国男にしたがう発言も多いが、部落にかんしては固有のイメージをもっていた。喜田貞吉が十四歳まで暮らした村での記憶だ。村は四国阿波《あわ》の紀伊水道に面していた。徳島市から南下するとすぐに小松島市で、ここは古くから栄えた港である。

その近く、立江《たつえ》駅から、どんどんと山のほうに歩いて行くと、平地は細長い袋状になって行きづまる。まわりをとりまく山が、「くし」の歯のように平地につきだしている。それで、土地の名を「櫛淵《くしぶち》」という。土地の形態を想像するだけで、そこが閉鎖的な空間であるのがわかろうというものだ。この村の貧農の三男として喜田貞吉は生まれた。一八七一（明治四）年である。ちっちゃくて病弱な子だったが頭だけはよかった。二十七歳で東京帝国大学国史科を卒業して文部省に勤務した。やがて柳田国男と交流が生まれる。

櫛渕村のこんにちの人口はおよそ二七〇世帯で一一〇〇人だ。代々の農民がほとんどだ。本家があり、分家がある。喜田貞吉の家もまた、櫛淵内に住む大栗一族の分家だ。その袋状の土地に余所《よそ》からやってきて住みついた人がいた。世帯をふやしていまもいる。部落だという。わたしは、行ってみた。行ったのだが、なにもわからない。そこの人と話すルートがないのだ。

櫛淵村の人は、その場所をわたしに教えるのさえ、ためらいがちだった。差別したくないという善意は、いつも部落をタブーへと押しやる。よって、そこがどういう歴史をもつ部落かわからない。えた系か非人系か。死牛馬の取り扱いをしていたのかどうか。それとも、鉢叩《はちたた》きなどの宗教的な芸人か。四国巡礼にきてそのまま住みついたのか。

かれらの集落は喜田貞吉の生家からちかい。村の寺子屋からはもっとちかい。後年、「特殊部落」について思考したとき、櫛淵村の部落のイメージが頭によみがえった。

2

一九一〇（明治四十三）年に、南北朝正閏《せいじゅん》問題がおきた。南北朝時代の南と北のどちらの天皇が正当なのかという、いまからいえば、ばかばかしくもコミックな論争だ。大逆事件の直後になる。天皇主義者がついでにもうひとつ点数をかせいでやれという具合に引き起こした論争でもある。

喜田貞吉はこの渦中にまきこまれて文部省を休職になる。喜田もまた天皇主義者だから、より過激な天皇主義者にはめられたというべきか。事件に政治的な決着をつけるためのスケープゴートにされたのはまちがいない。だが、エリート文部官僚にはすぐに受け皿が用意された。京都帝国大学で教鞭をとることになった。東京の家庭と京都間を往復する生活になる。

京都滞在は、喜田が部落について調べるはずみになった。それに郷里もちかい。櫛淵村にもどると、こどものころから知っている部落をたずねた。

「わたしの懇意にしている郷里の一部落民は」というふうに喜田貞吉はのちに書いた。

自分等は営業上他の便利の地に住まうと思つても、土地家屋が容易に手に入らぬ。やつと手に入れたものがあつても近所のものが交際して呉れぬから、遂にはもとの古巣に戻つて来る。斯くて限りある土地に限りある人口を容れるのであるから、勢い所謂密集部落ともなるのである。不潔だ不衛生だなどと、贅沢な余裕がどこにあらう。
（「特殊部落の成立沿革を略叙して、其解放に及ぶ」）

喜田貞吉は郷里の部落から差別の実態を学んだ。そのお返しに、部落民異民族説のいかに俗説であるかを郷里でていねいに説いた。部落を祭りから排除しているのはおろかなことだ。村民説得には四年間かかった。櫛淵八幡神社の秋祭りを、農民と部落民がともに祝うようになったのは、一九二八（昭和三）年からである。

3

櫛淵村の部落の人は、あとからきた人だ。いってみれば、土地の農民にとっては、余所者《よそもの》である。血縁で内々《うちうち》にかたまった共同体は完璧にできあがっている。その閉鎖空間に入りこんできた余所者は、肩身をせまくしてくらしている。つきあいは、最小限になる。そして、維新後に余所者の集落は、「特殊部落」として見られだす。「余所者」といえば、喜田貞吉にはすぐに思い浮かぶ人がいた。喜田家の代々の墓に、多くの余所者の墓がまじっていたのである。

一九一四（大正三）年に父の辰吉《たつきち》が死んだとき貞吉は家の裏山にある喜田家の墓地

を整理し、一族の墓をあらたに建てた。そのとき、一族以外の墓をひとまとめにした。喜田家に仕えた「下人《げにん》」のものもある。ほかに、「来人某一族《きたりにんぼういちぞく》」の墓もある。善根宿《ぜんこんやど》で病死した旅人の積石塚《つみいしづか》もある。

善根宿というのは、この場合は四国八十八箇所のお遍路《へんろ》さんを、ただ同然で泊めた宿である。施行宿《せぎようやど》ともいう。病気になって宿にたどりつき、回復しなかった人もいた。遺骨の引取人もあらわれなかったのだろう、喜田家の墓地に埋葬した。

無縁仏《むえんぼとけ》はともかく、それよりも興味をひくのは、「来人某一族」という存在だ。安《あ》芸国《きのくに》から家族でやってきた余所者だ。喜田家の近所に住みついていたが係累がたえた。娘がひとり遺されていたものの、安芸に帰ってしまった。その者たちの墓だ。

櫛淵村・喜田家のドルメンふうの墓

よほど気になったのだろう、喜田貞吉は、あの有名な「特殊部落研究号」（『民族と歴史』第二巻第一号）に、「来り人の地位と職業」という一文を書いている。たぶんに、「きたりにん」という音に、わびしいような、なつかしいような郷愁を感じていたのではなかろうか。喜田貞吉が部落一般について思考するとき、郷里の「余所者たち」の境遇がモデルになった。

十三●民族と起原

喜田貞吉の部落研究

1

柳田国男と喜田貞吉が、部落のモデルを身ぢかに見つけていたことにふれた。民俗学・史学の権威にしても、発想の始まりは意外に簡単だ。そのことを指摘しなかった。しかし、それだけではなく、両田の部落史論を読むときには、その発想のもとになったものをあらかじめ知っていて、いくらか勘案《かんあん》したほうが、こんにちの問題につながってくる、ということもいいたかった。

2

喜田貞吉は、月刊の個人誌『民族と歴史』で、部落の特集をした。くりかえし書いてきたように、一九一九（大正八）年のことである。発行日は本文では七月一日、奥付では七月十日になっている。このくらいのいいかげんさは喜田にはついてまわる。

雑誌ナンバーは第二巻一号である。喜田は一巻を一年十二号とはしないで、半年六号とするから、『民族と歴史』を創刊して、半年になる。第二巻の最初の号で部落問題をあつかったことになる。第一次大戦のあと、ロシア革命、シベリア出兵、米騒動などを人びとが体験している。激動期である。三・一独立運動、五・四運動とつづく。「明治」とは様相を一新している。新時代にあわせて、新理論も必要になる。硬派の雑誌が、どんどんと創刊された。二月に『我等』、四月に『改造』、六月に『解放』である。(『解放』に佐野学の「特殊部落民解放論」がのるのは、二年後である)。雑誌のタイトルだけを見ていると、第二次大戦後の雰囲気に似ている。

「瑞穂《みずほ》の国の天皇親政」というデマゴギーのもとにうまくかくれていた支配階級の素顔と実態が、しだいに見えてきた。藩閥政治家、財閥、地主らの豪奢な栄華は、国民大衆を搾取することで成立する。労働者の貧困、農村の疲弊は、自然事象ではなくて社会の体制がうみだしたものである。そのように、人びとは主張しはじめた。社会の仕組みを変えたい。ソビエトのように。

喜田貞吉は天皇主義者だが時代の風はキャッチできた。南北朝正閏《せいじゅん》事件で文部省を追放された体験が、ここでプラスに働いたかもしれない。一九一九年、喜田が四十九歳で創刊した個人誌『民族と歴史』は、社会の新しい指針になろうとした。喜田の雑誌は個人誌だったが、ほかの雑誌『改造』などと並んで好評であった。

『特殊部落研究号』(以降『研究号』と略す)も話題になり、影響も甚大であった。いまなお、この一冊が重要になる。『研究号』以前か以後か、というように、時代のメルクマールになる。もうひとつのメルクマールの本は、いうまでもなく、一九二四(大正十三)年の『特殊部落一千年史』である。

3

『研究号』の出る四年まえ、一九一五(大正四)年に、賀川豊彦《かがわとよひこ》(一八八八〜一九六〇年)による部落の考察がある。柳田国男が「所謂特殊部落ノ種類」を発表した翌々年である。

賀川豊彦はキリスト教の思想を、その本質で理解し、キリストが貧しい人に接したように生きたいと念じた。ということはまた、一般の目には狂信的に映る。明治学院を卒業後、出身地の神戸にもどると、賀川は伝道者として当地のスラムにとびこんだ。せまい路上に立ち、ひとりキリストの教えを説いた。辻説法《つじせっぽう》である。だれもが腹をすかせている土地だ。立ちどまって聞く者はいない。それでも賀川豊彦は、貧者こそが救われなければならないと思った。その体験を、『貧民心理の研究』として刊行した。そのなかに部落への言及がある。

わたしは賀川豊彦のいくつかの長編小説と貧民救済への実践的な情熱を、だれよりも高く評価する者だが、ただ、部落についてのその論述は、お粗末といわざるをえない。異民族起原説、サンカと部落民の混同、えた系の部落がスラムの核になったとか、当時の部落民への偏見と差別意識を知るという点で役に立ってしまうような代物《しろもの》だ。むしろ賀川の真骨頂は、スラムでの見聞を赤裸々に書き、その改善のために心血をそそぎ、しかし、なんらの進展がえられないという報告にある。賀川豊彦以前にも、そののちにも、賀川をこえるスラムのレポーターはいない。

賀川豊彦の本道は部落の問題とはちがう方向にあったのだ。

そのようにいえば、柳田国男の関心も、犬神人《いぬじにん》*1や願人《がんにん》*2や鉢叩きや茶筅や巫女《みこ》*3や山伏《やまぶし》*4らにある。かれらにとってえた系の部落は賤民史の一バリエーションにすぎなかった。

部落史プロパーであったのは、あの『社会外の社会・穢多非人』の柳瀬勁介がいただけだ。ずっと間があいて、まもなく『特殊部落一千年史』の高橋貞樹が登場するはずだ。

4

喜田貞吉もまた部落史のプロパーではない。喜田が部落史に入って行くのは、日本民族の起原を研究していてである。そもそも、『民族と歴史』という個人誌にしても、その表題がしめすとおり、日本民族史の研究を目的にしていた。第一巻一号には、『日本民族』とは何ぞや」という巻頭論文を書いている。

喜田は、「明治」という時代に蔓延《まんえん》した考え方、日本民族をタカマガハラから天降《あまくだ》った天孫民族《てんそんみんぞく》だとする考え方に、異をとなえた。日本人はヤマト民族の後裔《こうえい》の単一民族ではなくて、混血をくりかえした複合民族だと唱えた。エミシ、ハヤトなどの先住土着の民族のいたところに天孫民族がやってきて、征服し融合したとする。そのあと、秦《しん》・漢《かん》・百済《くだら》からの「海外帰化」の諸民族をあわせていまの日本人ができた。

そして、

これらの諸民族は、互いに通婚して忌《い》まなかった。（「『日本民族』とは何ぞや」）


というのである。

この喜田の考えのまえに立ちふさがったのが、えた身分は異民族だとする通説であった。

江戸時代の長年にわたる鎖国は排外思想の温床になった。えたを賤視する理由をさがして、かれらの祖先を異民族だといえば、受けいれられやすい。明治維新も攘夷《じょうい》思想をくっつけて誕生し、排外が色こく残っている。農民が旧えたを排斥《はいせき》するとき、えた身分の祖を異民族にした。

喜田にすれば日本民族こそが異民族で構成されているのだ。えたが異民族であるために差別されたはずがない。異民族であるということで、えた身分が通婚できないとしたら、日本人は複合民族だとする喜田の説はこわれる。喜田貞吉は自説を守るためにも、「特殊部落」の研究にむかわざるをえなかった。

＊1　京都の八坂神社の下人で、祭りの先駆けや死穢の処理にたずさわった。かたわら、弓の弦《つる》や沓《くつ》を売った。

＊2　願人坊主といい、人にかわって神仏に願をかける仕事。のち、辻芸などして金銭を乞うた。

＊3　神につかえる少女。

＊4　仏道修行のために山野を旅する僧。

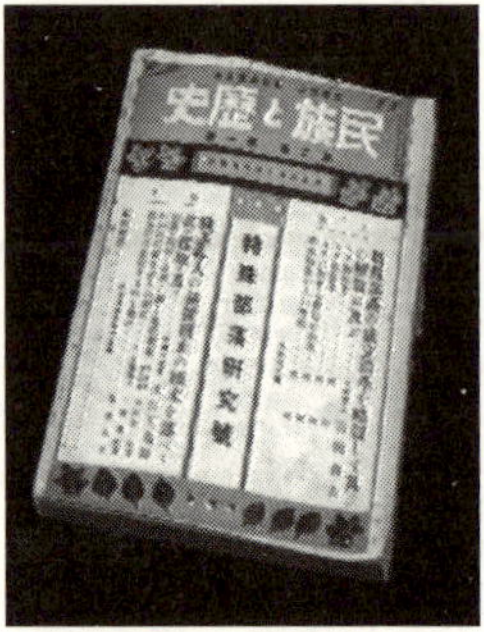

『民族と歴史』第２巻１号（大正８［1919］年７月10日発行）

十四●境遇と貴賤

ケガレと賤

1

鎖国した社会で、あるいは、攘夷思想でこりかたまった明治維新期にあって、一般市民に異民族がうまく思いえがけたであろうか。それは、相当にゆがめられていたのではなかろうか。ゆがめられているどころか、それは肥大化した幻想でしかなかっただろう。あの傘のお化けとか、赤鬼青鬼とか、ろくろ首とか、そのようなレベルであった。

井のなかのかわずもいいところであった。異人はいつも、変であった。めずらしいが、こわい。だから、じろじろとか、こっそりとか、好奇心にかられて観察をする。そばにくると逃げるか、不必要な歓待をする。異民族を、あるがままに理解できない。

さらに、こまるのは、おなじ日本人でも相手を理解できないときには、異人ではないかと思う。異民族のレッテルを貼って安心をする。くぐつ師やえた身分も、よくわからない。するとふたつをごっちゃにして、異民族の子孫ではないかという。異民族の末裔《まつえい》だから川むこうの土地におかれた。だから牛馬の肉も食する。だから死穢《しえ》にふれてもへいきだ。農民のこのような理解を、当の部落の人もまた信じていた。

近代の歴史学者の喜田貞吉にとっては、とうていがまんができない。かれは、日本人こそ異民族が混血して成立したと考えていたからだ。部落民が賤視をうけるのが、異民族のゆえであるはずがない。「えた異民族説」に対する喜田貞吉のねばりづよいたたかいは、それが、本人の「日本民族起原論」を補強するためになされたのだが、そうであっても高く評価されていい。

部落民は異民族ではない。

としたならば、喜田貞吉は部落をどのようにとらえていたのか。

2

喜田貞吉の賤民論のキーワードは、「境遇《きょうぐう》」である。

さきに紹介した「来人某一族《きたりにんぼういちぞく》」のことなどを喜田は頭に置いているのである。平々凡々とくらしていたのに、境遇が激変した。他郷をさまよい、ある場所に「よその」としてくらすことになる。捨てられていた土地に小屋を建て、ネコのひたいほどの畑にイモやマメを植えた。生計を立てるために、どんな仕事にも従事したが、村び

喜田貞吉

とのくらしや祭りに、首をつっこんだりはしなかった。このような境遇の変化は、歴史の時間のうちでは、しばしば生起する。

喜田が例に引くのが、武士階級・侍身分の境遇の変遷だ。

さむらいは、貴人《きじん》にさむろう者である。

侍はもと卑しい者でありまして、貴人とか老人とかの側に始終さむらうて之を保護し、身の廻りの用を達す者であります。

侍はいまにいう「給仕」で、キュウジは、本来は「給侍」と書いた。

そのことは、六四五年の大宝律令に始まる。そこには、八十歳以上の者と障害者は侍ひとりを支給される、とある。九十歳以上はふたり、百歳以上は五人の侍となる。老人介護が近代の成果のようにいわれるが、実はむかしのほうがすぐれていた。

福祉と侍の発生が同時なのはおもしろい。

やがて「さむらい」は、主人を護衛するために武芸を鍛練した。そのうち、たまたま主人の地位が上昇するにおよんで、従者《じゆうしや》のさむらいもえらくなる。ついには、商人や農民を虫けらのようにあつかう武士となった。武士は、卑しい立場から支配の階級になったのだが、その逆に没落して賤民になる人たちもいた。

貴と賤は歴史のなかで交代する。喜田貞吉は歴史における身分階層のシーソーゲームを想像したが、ただえた身分だけは、その職業と肉食の習慣から、「穢れて居ると誤解」されて、賤の境遇からぬけだすことがなかった。

ということから、喜田貞吉は、えたの起原を、

屠者《としや》
皮細工《かわざいく》人《にん》
河原者《かわらもの》

とした。

喜田の解説をまとめると、屠者とは、獲物《えもの》を「屠殺割肉」していた猟師と、家畜のブタを料理していた猪飼《いか》い（猪飼部《いかいべ》）である。かれらは、大宝律令の牛馬殺生禁止令以後には、死牛馬の処理も引きうけることになった。

皮細工人は細工師に属し、生皮《なまかわ》をあつかっていた者だけが、えたの身分に流れこんだ。

河原者は、京都の鴨川《かもがわ》の河原に住んでいた者で、そのうちの皮革業にたずさわって

いた者をいい、そうではない河原者は非人としてあつかわれた。

つまり、賤民一般は、貴賤の境遇によってきめられたけれど、賤民のうちのえた身分は、ケガレという概念のために、その境遇から脱することができなかった。

3

喜田貞吉の部落観は、柳田国男の定住・非定住の区分を引きずっている部分もあるけれども、ケガレという概念を部落の職業とクロスさせたことで、ずっとわかりやすいものになった。

貴賤というのは、えらいか、えらくないかである。さむらいは、どんどんえらくなり、武士になると、もはや賤民とは見られなくなった。田畑を質で流した農民は、都市に出てこじきになるや、賤民としてあつかわれるようになる。成功と没落。勝ち組か負け組かは、個人のレベルでは日常茶飯である。

一方ケガレは「貴賤」とはべつの概念である。「浄穢《じょうえ》」とは、えらいかまずしいかではない。金銭をたくわえ権力を手にしても、ケガレているとされることもある。ケガレは人を選ばない。そこで、ケガレたときは、お祓《はら》いをする。川で体を洗ったり、塩をまいたりする。

浄穢についてわたしは「馬の文化史」[*1]に書いているので、ここではメモていどに記しておく。

ケガレという概念は、弥生時代の倭の国のころからあった。そのことを、『魏志倭《ぎしわ》人伝《じんでん》』が書きとめている。主として死者のケガレが伝染するのをおそれる。そのような意識があるところに、古墳時代に「穢《え》」という観念が入ってくる。

やがては、浄穢にじゅうぶんな配慮をはらわなければ支配者になれないというふうに、あるいは逆に、支配者になったがために、よけいに、ケガレの侵入を恐れ始めるというふうになる。浄穢と貴賤とがからみあってくる。

大王《おおきみ》（天皇）や神社が、まず死穢や血穢を周辺から遠ざけ始める。（ケガレの政治化）

垣根[*2]でもって居住空間をかこみ、片方を浄とし片方を穢とした。（ケガレの空間化）

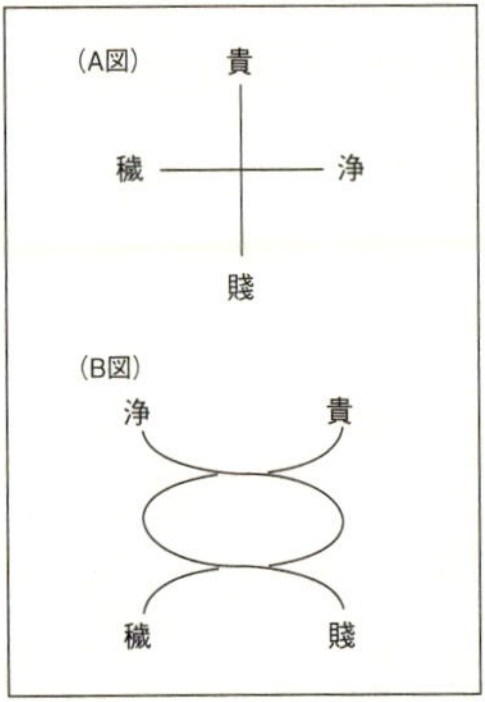

墓域をもうけて死穢をそこに封じこめた。

そのケガレを見張るのが賤の人たちになり、穢に染められているがために賤と見なされた。

貴賤・浄穢は、あざなえる縄のようにからみあった。

これまでは、貴賤と浄穢のちがいは、しばしば、A図のような座標軸によってしめされたが、わたしは、B図のような染色体スタイルにしておく。

＊1　「馬の文化史」は、雑誌『明日を拓く』の一九九六年十二月号から、とびとびに八回、二〇〇〇年一月までつづけた。えたと呼ばれる人たちの原型が出現する以前の世界をさぐるのが目的だった。馬飼部《うまかいべ》のイレズミの血のにおいを、中国文化にかぶれた天皇が忌《いみ》とする瞬間などを書いてきて、「牧《まき》」の問題のまえで中断している。

＊2　ケガレをふせぐ垣根の象徴性は、スサノオノミコトの「八雲《やくも》立つ、出雲《いずも》八重垣《やえがき》、妻籠《つまご》みに、八重垣作る、その八重垣を」にある。イナダヒメの宮《みや》に八重《はちじゅう》の垣根をめぐらしたのは、敵の侵入を警戒するというよりは、ケガレの侵入をふせぐためである。

十五●洗礼と解放

唯物史観による部落研究の始まり

1

喜田貞吉の『特殊部落研究号』は、ひろく読まれた。その読者のうちに、若き佐野《さの》学《まなぶ》（一八九二〜一九五三年）がいた。これは事件だ。なぜなら、佐野学が喜田貞吉を引用しながら部落について発言して以降、部落の問題は、マルクス主義の影響下におかれるからである。佐野学に始まり、およそ六、七十年、二十世紀後半までが、「唯物史観の部落史」になる。一時期、皇国史観の支配に屈する時期があるものの、マルクス主義による部落の解釈が、ほとんどすべてを、おおいつくした。

わたし自身も、マルクス主義がほとんどすべてをおおいつくしていた時期に、部落について学んだ。そして、呪縛が解けたとき、この連載の冒頭で述べたように、マルクス主義支配の時期がなんであったのかを知りたいと思った。

ということは、いきなり佐野学から論じ始めてもよかったのだが、その前史が分明でなくては、「唯物史観の部落史」がなにであったかもわからない。

それで、ながいまわり道をした。マルクス主義以前の柳瀬勁介や柳田国男や喜田貞吉に、ずいぶんとページをさいた。

そして、やっといま、本論のとば口にたっした。

佐野学がとば口である。

2

佐野学について知ろうとして図書館へ行く。著作集を所蔵しているところもたまにあるが、単行本のほうはめったに保存されていない。佐野学について書かれた本もない
書架にはわたしの本もふくめて、どうでもいいような本が汗牛充棟《かんぎゅうじゅうとう》していながらも、日本共産党の創立時期に重要な役割をはたした佐野学について、かんたんに知るすべがない。意地悪く代々木の共産党の本部に電話をして、佐野学について知りたいが、参考になる本はないだろうかと聞く。もちろん、ないという。創立者のひとりなのにふれてもらいたくないのだ。
二十世紀は、科学や環境など、ほかの世紀とはちがった分野が突出してきた。それらがなんであったかは、やがて問題化してくる。前世紀の思想的・社会的な面では、

マルクス主義がなんであったのかが問われる。

日本でのマルクス主義がなんであったのか。その諸問題は、まだ、じゅうぶんには論じられていない。いや、まったく手つかずだ。佐野学の本が、一般の図書館にないのも、その証左だ。

佐野学は一九二九（昭和四）年の四・一六《しちろく》事件後に上海《シャンハイ》でつかまった。十数年の在獄ののち、第二次大戦後、早稲田大学にもどり、商学部で経済思想について教えた。一九五三（昭和二十八）年、戦後八年目に肝臓癌で死んだ。満で六十一歳であった。死後五年目から、近親者や学問上の縁者らで、全五巻の著作集の刊行が始まった。一冊千ページにもなる厚い本だ。有名な転向声明である「共同被告同志に告ぐる書」（鍋山貞親《なべやまさだちか》と共同執筆）は、一巻の巻頭におかれているものの、それ以前の『解放』連載の諸論文はない。わたしがここでとりあげる「特殊部落民解放論」も、『佐野学著作集』にはない。（拙著『差別語と近代差別の解明』明石書店に再録しておいた。）

もっとも、佐野学には、レーニンやスターリンや毛沢東などの本や、清朝社会史、騎馬民族論の日本古代史など、ゆうに五十冊をこす著書がある。それらすべてを「著作集」に収録することは不可能にちかい。それに、マルクス主義を解説した本は、発売当時はひそかに熱心に読まれたであろうが、いかんせん、「教義書」であることをまぬがれない。

それらの再読は、かなりの忍耐を要する。佐野学がなかなかに論じられない理由は、転向者としてあらゆる党派からきらわれただけではなく、書かれたものが教条の枠から出ていないためだ。著作集の「刊行のことば」には、「日本が生んだ最も独創的な思想家」とか、個性あふるる「東洋的社会主義の思想」とあるが、それは、後続の学徒が望んだ師の姿にすぎない。

そんな佐野学にわたしがいまいだく興味は、二十世紀の日本のマルクス主義の命運を、その一生がよく体現していると思うからである。

3

すでに記したが、月刊の雑誌『解放』の創刊は一九一九（大正八）年の六月である。このころ佐野学は満鉄東亜経済調査局に勤務していた。二十七歳である。『解放』に佐野学の最初の論文が載るのは同年の八月号で、「労働運動の指導倫理」という。

翌年に満鉄をやめて早稲田大学の講師になった。この年の『解放』掲載論文は七回、翌々年には八回と、しだいに発表の回数がふえる。このいずれかの時期に佐野学は『解放』の編集責任者になった。一九二二年（大正十一）年に第一次共産党に入党、翌年の正式な創立大会で、中央執行委員長堺利彦《さかいとしひこ》*1のもとで中央委員を勤めた。

佐野学が唯一、部落を論じた文「特殊部落民解放論」が『解放』に載ったのは、一九二一年（大正十）年七月号であった。この四百字詰原稿用紙二十五枚ほどの論文が注目にあたいするのは、ひとつは、さきに書いたように、マルクス主義による部落論の最初の洗礼だからだ。いまひとつは、やがて全国水平社を出帆させることになるふたりの男が、この論考に大きな影響をこうむったことにある。ふたりの男とは、いうまでもなく、西光万吉と平野小剣《ひらのしょうけん》（一八九一〜一九四〇年）であった。

なかでも西光万吉は、「特殊部落民解放論」を読むやいなや奈良から上京して佐野学に会い、帰郷するや、水平社創立の趣意書「よき日の為めに」をしたためた。このパンフレットの「一の章」に、佐野学の論文の結語「第四章・解放の原則」が、そのまま全文、引用されている。かくして水平社運動もまたマルクス主義の影響下に始まることになる。

平野小剣

4

佐野学の「特殊部落民解放論」のうち、部落史について論述した部分は、これまた、喜田貞吉の『特殊部落研究号』にふかく影響されていた。影響というよりは、そのまま紹介したといった体《てい》であった。

たとえば、「穢多族」の起原を論じながら、

喜田博士は此社会群の起源を以て屠者、皮細工人及び河原者の三者の合一と言われて居るが、純粋なる職業的方面より見れば博士の説は妥当であろう。

と書き、また「穢多」という文字について、

部落民に熱烈な同情を有する喜田博士は穢多の字に代ふるに恵多の字を以てせよと言はれた。私もさうなることを希望する。

という。

皇国史観の喜田と、マルクス主義の佐野が、部落に関しては共感しあうところがあった。しかし佐野学の戦術は、おのれの知らない部分は喜田貞吉に頼りながら、その本質的な解釈において、「唯物史観」を応用しようというのであった。そして、部落民を「解放」と「革命」へと扇動した。もちろん、あふれるばかりの善意と情熱と正義心でもってである。

＊1　幸徳秋水らと『平民新聞』を刊行、共産党初代委員長、のちに労農派になる。

十六●連帯と教条

労働者や農民が部落を差別した

1

いよいよマルクス主義の時代がきた。部落もまた、その理論によって位置づけられ解釈しなおされる。

十九世紀のなかごろに、ドイツのマルクスとエンゲルスによって生みだされた新理論は、なによりも科学的であるという。世界をゆるがすこの思想で部落を論じると、はたしてどのような姿が描《えが》きだされるのか。日本最初のマルクス主義による部落観を読んでみる。

佐野学の「特殊部落民解放論」は、四章からなる。第一章は「現代日本」〔一九二一〔大正十〕年の日本〕がどういう社会であるかの規定である。

佐野学は明治維新が不完全なブルジョア革命であったことを強調する。

現代日本の社会生活が其根本に於て猶ほ執拗に未だ多量の徳川時代的要素を保有していることを誰が否定し得よう！

佐野によれば、江戸時代は日本史上、「最も暗欝なる時代」である。「六十年」まえの「明治の大革命は真に壮快極りない」が、徳川の弊害を打破するには不十分であった。この立場は、のちの講座派[*1]に通じる。維新後の社会は「半封建的」なのであった。その徳川の残滓《ざんし》をきれいにぬぐいさるための近代革命を佐野たちは準備した。日本共産党の誕生である。

部落は徳川の政治制度の悪しきものの代表として把握される。その部落が維新後にもある。維新後の社会が「半封建的」であることの例証としては、これはもってこいである。佐野学はきわめて政治的にふるまっている。

2

「特殊部落解放論」の第二章は維新後における部落の考察になる。

マルクス主義をマスターした少壮の学者らしく、「搾取」と「被搾取」の概念がここでフルに活用される。「搾取」と「被搾取」の概念はまた、「階級」の理論であった。この社会は、搾取する階級と、搾取される階級からなっているのである。サクシュ、

た。

佐野学が大きなまちがいをおかすのは、部落と労働者や農民とが連帯しなければならないときめていたためだ。なにがなんでも、連帯させる。それはまた、佐野学が「特殊部落民解放論」を書いた目的でもあった。

佐野学が、ふたつの被搾取者をなにがなんでも連帯させるために編みだしたロジックは、つぎのようなものであった。

賤民（部落）とは「空虚な伝統的概念」でしかない。「種族的反感といふことは歴史的には重大な役目を演じたが、今日にては既に妥当性を喪つた」と述べる。しかるに、その「穢多てふ賤民観念は今も執拗に残り、暗黙の裡に恐しき拘束力を揮《ふる》ひつつある」のだ。この「空虚な伝統的概念」が、部落と労働者・農民とが手をとりあうのをじゃましている。

しかし、よくわからない。

これは脆弱な理論である。

賤民が生じたのは、「空虚な伝統的概念」からでしかないが、その「空虚な伝統的概念」が猛威をふるい、賤民をして悲惨に生きざるをえなくした。それは、差別を「偏見」と規定しても、その「偏見」が猛威をふるっているのとおなじである。また、「穢多てふ賤民観念は今も執拗に残り」というのは、近代を「半封建」と位置づけてしまったことの帰結であるが、そのような明治維新への解釈が、近代化にともなう部落の「再生」の歴史を見えなくした。

さて、こんにち、わたしたちが虚心坦懐に「現実から学べ」ば、部落と他の被搾取者とが、「具体的にも心理的にも依然として隔絶して居る」のは、そこに差別があるからである。労働者や農民のだいたいは、口ではいわないものの腹のうちでは部落をきらっている。「特殊部落民」とは、できればかかわりをもちたくない。労働者や農民にひそかに共有されたこの規範こそが、近代の差別なのであった。

部落を差別したのは、ほかのだれでもない。労働者や農民であった。むかしの地域社会をすこしでも知るならば、部落の集落を特別視しているのが、部落のまわりの農家や商家の人だということはすぐにわかる。学校にきた部落の少年をいじめたのは、その学校の生徒たちであった。

搾取・被搾取の関係と、差別・被差別の関係は、ぴったりとはかさならない。そして、そのことは、マルクス主義の理論では分明にならないことであった。

＊1　明治維新を中途半端なブルジョア革命ととらえた共産党系の学者が、「日本資本主義発達史講座」に結集したので、「講座派」といわれた。雑誌『労農』による「労農派」（のちの日本社会党系）と対立、論争した。

十七●奴隷と国家

水平社の起点、佐野学論文

1

若い佐野学は先鋭である。

半封建の状態にあまんじている日本の労働者・農民が、いかにしてそこから解放されるか。いまだ封建時代そのままの部落もまた、労働者・農民に合流し、解放されなければならない。この視野のひろがりは、マルクス主義によってもたらされた。希望と自信にみちて佐野学は、「特殊部落民解放論」を雑誌『解放』に発表した。

その前半を前章で読んだが、被搾取者間の連帯を当然とする西欧マルクス主義の原理を押しとおしたことで、農民と部落民とのあいだにあった差別と被差別の関係が見えなくなった。見えなくなったことに気がつくまでに、七、八十年もかかったのだから、これらのことは重要なのである。

「特殊部落民解放論」の後半は、ほとんどを部落史がしめる。

本書の主旨からいえばここが眼目になる。唯物史観がそれまでの部落史をどう読みかえたのか。

2

佐野は、部落史を三つにわけた。

a　発生時代
b　成形時代
c　爛熟時代

の三つである。

aの「発生時代」は平安時代までである。ここには、ローマ史学のモムゼン[*1]や、階級国家論を唱えたドイツのオッペンハイマー[*2]などが援用される。西欧の学者の言葉を[illegible]って日本について語るのは、その後の日本のマルクス主義者の論文の基本的なスタイル[illegible]る。すでにその嚆矢《こうし》がここにある。それが権威的な行為だという自覚はない。

ただ、佐野の国家論は、国家の成立に暴力の介入を不可避としていて、そのことの強調が特異である。社会が自然に国家へと成熟していくのではない。国家が生まれるのは、民族間の戦いがあってである。この理解は生涯にわたって変わらなかった。転向後に書かれた古代国家論においても、ある民族による他民族の征服は重視される。「特殊部落民解放論」のなかでも、「如何なる国家も征服に起源しないものはない」と、断定される。政治は力による支配である、と佐野はいう。好戦種族が弱小種族を征服したときに、貴族と奴隷が誕生する。原住民は奴隷となり、搾取の対象になる。征服者が奴隷からの搾取を合理化する政治組織が国家である。この認識をもっていたため、佐野学はのちの転向声明で、日本軍による中国侵略を肯定する。

部落史にもどるが、佐野によれば、えたが社会階級として成立するのは平安時代になってである。古代における被征服民、つまり奴隷群が本源になって形成され、そこに良民からの落伍者がくわわった。

佐野の部落史の特徴は、大きな国家の枠組みのなかに、あらためて部落民を置きなおしたことにある。部落を国家内の一社会階級として位置づけたあと、喜田貞吉の部落史が引用される。「屠者、皮細工人、河原者」の三者が合一してえたになったという意見が紹介される。

あるいは、ケガレについての説明になる。

右のように、まず部落が国家の一パーツとして把握されたことで、以後、部落民は国家とむかいあう。部落差別からの解放を国家にたいして要求するようになる。

3

bの「成形時代」は戦国時代までである。この時代になって、えたを「被征服者＝奴隷」として理解したそれまでの人種的な反感が消え、それとはべつの人為的な反感に変わった。その人為的な反感にひと役買ったのが五山《ござん》[*3]の僧侶であった。えたを、その肉食の習慣のゆえにののしり、「人中最下之種」といってはばからなかった。

また、佐野学は、日本中世の「座[*4]」を西欧のギルド[*5]とくらべてみせることを忘れていない。座に関連して弾左衛門由緒書の二十八座[*6]にふれている。

cの「爛熟時代」は、いうまでもなく江戸時代をさす。この徳川専横の時代は、マルクス主義の学者から見れば、武士以外のすべては奴隷で、穢多非人は「奴隷中の奴隷」ということになる。徳川の世が苛斂誅求《かれんちゅうきゅう》、ひとかけらの温情もないというのが、維新以降の常套の筆法である。革命政府が前政府の悪業をならべて自己の正当性を主張するのはめずらしくない。ただ、労働者・農民の解放をいう唯物史観においても、皇国史観の学者とおなじような筆法であるのを、わたしは不快に思うだけだ。

佐野学はくりかえし徳川の悪政を告発するが、このcの「爛熟時代」においては、マルクス主義を応用した新しい解釈はない。これまでの歴史家、久米邦武や喜田貞吉が述べたことの、要領のいいまとめがあるだけだ。

なん…落史の記述のあ…条章の有名な「解放の原則」がくる。これまで…は簡単にまとめておく。…も論じてき*7…三点である。

一、これまでの慈善家らの部落解放案はいずれも支配者本位であって効果がなかった。

二、部落民自身が解放に立ちあがらねばならない。

三、「プロレタリア階級」と親密に結合し、連帯した運動をおこさなければならない。

これらの主張は、当時の人たちにとってはきわめてラジカルにして新鮮であった。とくに部落の青年にとっては、身ぶるいするほど、よくわかる内容であった。

その結果、一の指摘により、それまでの解放運動は、「融和《ゆうわ》主義」のレッテルを貼りつけられた。その影響はこんにちまでもつづき、融和主義運動についての研究はおざなりである。

二の指摘により、水平社運動が出発した。

三の指摘により、差別者が見えなくなった。部落民は、差別者を相手にしてではなく国家を敵として闘うことになる。

十八●熱烈と魅力　高橋貞樹の再登場

1

部落史にマルクス主義の影響が入った。最初の試みは、佐野学によってなされた。その論文「特殊部落民解放論」は部落の青年たちによって熱心に読まれた。水平社が出帆する力になった。

「特殊部落民解放論」はまた、部落について考えていた青年Tにとって、大きな支えになった。青年Tはちゃんとした部落史を一冊書かねばならないと決心した。高橋貞樹《たかはしさだき》のことである。青年は個人的にも佐野学に接して、助言をこうた。「征服者の歴史に対する、血の最後の滴りをも搾取せられたる奴隷の歴史」を書きたいので、教授してほしいと述べた。

「征服者の歴史に対する、血の最後の滴りをも搾取せられたる奴隷の歴史」こそが、部落民の歴史であった。すでにこの考えにもマルクス主義がある。これまでの歴史書

は いつも支配階級の歴史であった。高橋貞樹によれば、「わが国従来の歴史書は政治史であり戦争史であって、被支配階級の歴史を欠いている」のであった。被支配階級の歴史は抹消されるか、無視されるかしてきた。

しかし、真に社会を動かしているのは、被支配階級の人民大衆である。いまこそ被支配階級の歴史が書かれなければならない。

「征服者の歴史に対する、血の最後の滴りをも搾取せられたる奴隷の歴史」を書きたいという高橋貞樹の目的に、マルクス主義者・佐野学に異論があるはずがない。佐野学は高橋貞樹にこわれるまま、「懇篤《こんとく》なる注意」と、「材料の蒐集《しゅうしゅう》分類に助力」したのである。かくして、『特殊部落一千年史』が誕生する。この書をテキストにして部落史におけるマルクス主義的解釈を検討するのは、至極、妥当なことに思える。

2

そのいささかめんどうな作業に入るまえに、これまでの経過を、かんたんに記しておく。年表のように、年ごとに事態をまとめたほうが、理解しやすいかもしれない。

一九一九（大正八）年

七月、喜田貞吉の『特殊部落研究号』がでる。高橋貞樹はまだ満年齢で十四歳、大分中学校に在学中である。

一九二〇（大正九）年

十二月、日本社会主義同盟結成。マルクス主義者の堺利彦、山川均らと、アナーキストの大杉栄らのみじかい蜜月がなった。西光万吉や阪本清一郎はこれに加盟した。

一九二一（大正十）年

五月、佐野学「特殊部落民解放論」執筆。

一九二二（大正十一）年

三月、水平社結成。四月、賀川豊彦ら日本農民組合を結成。七月、日本共産党が秘密裡に結成、佐野学入党。高橋貞樹、東京商大（一橋大学）に入学するが、講義に不満で中退。山川均や西光万吉らと交流。十七歳のときである。

一九二三（大正十二）年

一月、佐野学が西光寺で講演。三月、水国争闘事件（奈良県で水平社と国粋会が武力衝突）。五月、高橋貞樹は『特殊部落の歴史と水平運動』を刊行、すぐに発売禁止。雑誌『解放』に、「吾等の水平運動」などを発表。このころ、早稲田大学の佐野学の研究室に保管されていた共産党の秘密書類がスパイにより官憲に流れ、六月、堺利彦ら逮捕。佐野学はモスクワに脱出。第一次共産党事件である。七月、菊池山哉『穢多族に関する研究』刊、発売禁止。九月、関東大震災。大杉栄ら官憲により虐殺される。

高橋貞樹は東京を逃げ、堺市の舳松村などに住み、『特殊部落一千年史』を執筆。

一九二四（大正十三）年

三月、『特殊部落一千年史』の序文がなり、五月に刊行。すぐに発売禁止。訂正箇所を伏せ字にして再刊後も、発売禁止。十月、大幅に修正後、『特殊部落史』とタイトルを変えて刊行。以降、版をかさねた。このとき高橋貞樹は、満で十九歳。

年表ふうにして、かえって、読みづらくなったかもしれない。とくに、関東大震災の年は、マルクス主義者にとっては、激動の一年であった。もっと紙数をついやしてもいいのだが、本稿のテーマからそれるおそれがある。時代のおよその雰囲気と、人間関係を読みとってもらえれば、それでよしとしたい。

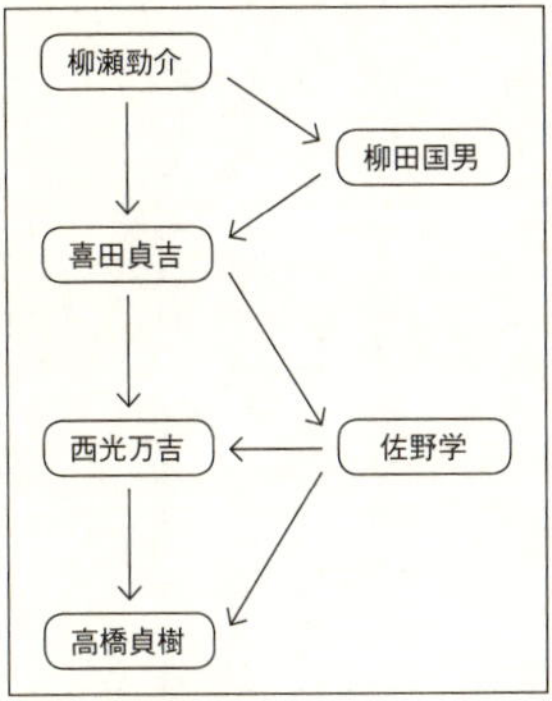

部落史形成関連表

3

関東大震災の数ヵ月まえだ。五月に、高橋貞樹は『特殊部落の歴史と水平運動』という著書を刊行している。すぐに発売禁止のうき目にあった。この本について、高橋自身が、『特殊部落一千年史』の序文でふれている。

> 私は昨年五月、『特殊部落の歴史と水平運動』という小著を書いた。特殊部落民史の梗概と水平運動の略述である。この書は、出版後旬日ならずして不幸発売禁止の厄に会うた。誠にこの書は、わたしにとって夭折せる幻滅の幼児である。本書の出版はこれを慰め補うであろう。[*1]

高橋貞樹が「小著」というこの書は、八十六ページほどのものという。わたしは未見である。さいわい、沖浦和光編著の『水平＝人の世に光あれ』（社会評論社、一九九一年）に、全八章のうちの四章が収録されている。そこでは、第二回全国水平社大会の記事をはじめ、一九二三年五月一日のメーデーにもふれている。刊行直前まで書きつづけられ、すごいスピードで発行になったわけだ。

全八章のうちの四章しか読まないで、なにかいっていいのかどうかわからないが、あえて印象を述べておくと、思想的な枠組みは佐野学の「特殊部落民解放論」を踏襲している。はみだすものはない。佐野学の主張にプラスするに、「水平社宣言」のエモーショナルなレトリックをもってきた。

俺は穢多だ！　俺は穢多だ！
吾々が今こう呼ぶのを誇りとする時代が来た。

という冒頭などは、だれもが宣言の「吾々がエタである事を誇り得る時が来たのだ」の一文を思いだすだろう。そのことは高橋自身も、もちろん、よくわかっている。わかっていても、このように自著を書きだしたいところに、当時の熱烈さがある。

佐野学の主張の強烈さと、水平社運動の魅力が、そこに反映されている。

＊1　『特殊部落一千年史』の文は、沖浦和光校注『被差別部落一千年史』（岩波文庫、一九九二年）より。

十九●唯物と中継

社会生活が人の意識を決定する

1

『特殊部落一千年史』を書いたとき、高橋貞樹は、まだ十九歳であった。当時は、こんにちにくらべて社会全般が早熟である。十九歳というだけで、おどろかなくてもいいのかもしれない。それでも十代後半という年齢が、無我夢中で生きる年代という点では、それほどかわりはないだろう。客観よりも主観がつよい。おのれが世界の中心にいる。それで世界のなにもかもが知りたい。知識をあさり、それをむさぼるように取りこむ。取りこむやいなや、こんどは、その新知識を世界じゅうにむけて、知らせたい。

受信した内容をゆっくりとあたためて咀嚼《そしやく》する余裕がない。右から左に送る。少々は、増幅したり、歪曲するだろうけれども、情報の中継基地といっていい。通過するだけの情報を、わざわざ書物にする必要はない。オリジナルな記録はすでに刊行されている。しかし、中継基地の情報でもよかった時代があった。西欧の最新の知識というだけで、どきどきする人たちがいた。

そして十九歳の青年の情報をすぐに本として刊行してくれる出版社もあった。出版社は更生閣といった。前回に書いたように、発禁になりながらも、タイトルを変えたりして、しぶとく刊行をつづけ、おおいに売れた。ただの中継であったかもしれないが、いい企画であったわけだ。水平社の創設に刺激されて生まれた本は、こんどは水平社の運動家によって熱心に読まれる。

2

『特殊部落一千年史』は、前半を維新以前にあてている。後半を解放令後にあて、水平社の意義についても、大いに宣伝する。維新までを「第一編」とし、近代を「第二編」と、ふたつにわけている。わかりやすい区分けだ。

この「第一編」の始めに、高橋貞樹は本書の研究方法が「唯物史観」であると書いた。

私の歴史研究の手引きは、マルクスのいわゆる唯物史観（史的唯物論）である。

というふうに。

ちゃんと宣言をして、唯物史観の概略を説明している。右の引用中の（　）のうちもまた高橋の記入だろうから、当時すでに、唯物史観とも、史的唯物論とも、二様に呼ばれていたわけだ。その唯物史観にして史的唯物論は、一九二四（大正十三）年の時点では、くりかえしになるが、西欧の最新の知識に属していた。

内容はなかなかにむつかしかったはずである。聞きなれない単語（翻訳語）があるばかりではない。むつかしく思えるのは、マルクスの方法が、これまでの史観を根底から批判しているためであった。それで、既存の言葉ではうまく説明できない。唯物史観について語ろうとして、日本の学者が、みんな一様に、マルクスやエンゲルスの著書から引用をするのは、あながち権威をかざしたのではなくて、そのようにしか語れなかったのかもしれない。そのほうが、まちがえなくてすむと考えたからかもしれない。

高橋貞樹も例外ではなかった。引用を始める。すると長くなる。そしてここがおもしろいのだが、引用の書物、引用の仕方、引用の箇所などが、三十数年後、つまり、第二次大戦後にわたしが学んだ時期のマルクス主義の入門書と変わらない。

先駆者の高橋も、三十数年後のわたしも、おなじようなスタイルの本をひらき、おなじような箇所に赤線を引いてマークするのだ。このことをどう判断していいのか。

マルクス主義とは教典を学ぶことからしか始まらないとするのか。学習方法が、世界大戦を体験してもびくともしていない。日本の学者にも進歩がない。
硬直は早くから始まっていた。

3

高橋貞樹が『特殊部落一千年史』において試みた最初の引用は、マルクス著『経済学批判』の序文からである。「人の意識が人の生活を決するのではなく、その反対に、人の社会生活が人の意識を決定するのである」という有名なフレーズである。年配の読者には、なつかしい言葉であろう。

高橋貞樹　1905–1935

こんにちの若い読者の多くは、マルクスを読まないから、耳新しい。耳新しくても、高橋貞樹がこれらのフレーズに初めて接して感動したようには、感動しないだろう。感動しない理由には「人の意識」がそんなに経済活動に規定されないと信じているからか。自己にもっと可能性と融通性をみとめているからか。それとも、ここにいわれていることが、「パラダイム理論」などに変容しながら、あるていどは常識化しているからだろうか。

「人の社会生活が人の意識を決定する」という内容を、歴史にあてはめると、下部構造と上部構造の理論になる。この理論もかつては常識にぞくするほどに流布していた。わざわざ説明をする要もなかった。

が、こんにちでは、そうはいっていられない。つぎの引用文は、高橋貞樹の地の文からであるが、同じ文がマルクスやエンゲルスの書いたものにある。師と弟子は一体化しているのである。いや、弟子はみずから中継の役にあまんじている。

経済上の生産関係が社会の根底をなす下部構造であり、政治、法律、宗教はその上部構造であって、生産関係の変動に照応して政治その他の上部構造が変革される。

下部と上部、経済と文化が、そんなにかんたんに連動するはずがない。こんにちでは、そのような感想になる。

しかし高橋貞樹が生きた時代はまだ儒教的なモラルがつよい。学校教育で忠義や孝行をもとめる。惟神《かむながら》の道への信仰が強要される。そこでは、おのれの修養がたいせつなのだ。修養さえつめば道はひらける。精神が生産を可能にする。このような唯心的《ゆいしんてき》な思考が幅をきかしていた社会にあって、道徳や精神主義、それに宗教を批判するのには、生産関係の上部への規制力をことさら強調せざるをえなかったのだろう。精神主義のどろ沼にとらわれていた人びとに、その虚妄であることを知らせる。

観念論批判が根底的であるため、理解するのに努力がいったものの、マルクス主義は時代の閉塞《へいそく》にいらだっていた青年には衝撃になった。目からうろこがおちた。それに歴史解釈に上部と下部の理論をあてはめるのは簡単であった。たとえば、明治維新がなにであったのかがよくわかる。

十九世紀になって急速に発展した日本の経済活動が、徳川の封建制をゆるがせ、ひそかに新しい社会を必要としていた。そうであったからこそ、信じられないほど少数による反幕運動が効を奏し、明治新政府が樹立できた。

二十●千年と奴隷 古代の賤民

1

高橋貞樹はマルクス主義の史観にのっとり部落史を書いた。その表題を、『特殊部落一千年史』とした。

なぜに、一千年史なのか。「一千年」という時間は、文飾にすぎなくて、とても古くからの歴史という意味なのか。部落の近世起原説が強調されていた数年まえまでは、「一千年」という数字は、お遊びのように理解された。まじめに取りあげられなかった。

でも、高橋貞樹は、「一千年」を、タイトルにえらんだ。水平社結成前後に、そのようないいかたが流布していたにしても、著者になんの考えもなかったとは思えない。「一千年」まえとはいつか。この書が刊行されたのは一九二四（大正十三）年であった。そのときから千年まえは、九二四年である。延長《えんちょう》二年になる。あまり聞いたことのない元号だ。醍醐《だいご》天皇の治世の末期といえば、すこしはわかるだろう。醍醐天皇は関白などを置かないで、天皇親政を執り、「聖代《せいだい》」とよばれる。同時期の著名人に、紀貫之《きのつらゆき》がいる。つまり、醍醐天皇の勅撰《ちょくせん》で、『古今和歌集』がまとめられた。

ケガレの忌み日《いび》を規定した「延喜式《えんぎしき》」も、このときにできた。

一方、律令体制の解体が進行し歴史の転換期でもあった。

高橋のいう「一千年」が、醍醐の代だけをさすのではないだろうが、およそ平安時代の前半から中期にかけてをいう。えたと呼ばれる人が社会的に生まれてきたころだとわたしは考えている。

2

しかし高橋貞樹は、部落の歴史を古代から書きおこした。「一千年」をはるかにこえて、どんどんと時間をさかのぼる。

なぜなのか。

まずひとつには、マルクス主義でいうところの「階級の発生」について書きたい。つまり奴隷制度についてふれたいのだ。史的唯物論は歴史の始まりに、階級がない社会を想像する。生産力がまだ低く、採集した物をみんなでわけあって、どうにか生きていた。うばいあう余剰生産物《よじょうせいさんぶつ》がまだなかった。それで、この時代は「原始共産制社会」と命名され、一種の聖化がはかられる。

　ほんとうに共産社会があったのかどうか。確証があるわけではない。楽園追放まえのアダムとイブの姿が、無意識に投影されていはしないだろうか。かつかつ食えるほどの物しか生産できない時代こそ弱肉強食にならないのか。ひとつの集落ともうひとつの集落のあいだには生産の格差が生じる。そのとき衝突することはなかったのか。

　疑念はわきでてくるが、マルクス主義によれば、生産力がやがて向上して、余剰生産物が生じるや、その収奪をめぐって階級がうまれる。以後ずっとながく階級社会がつづき、こんにちの資本主義社会は、「人類有史前期の最終段階」であるという。この時期、プロレタリアートの大群が形成されたことで、階級なき共産主義社会が準備された。

　ついに、人類は長い階級社会の桎梏《しっこく》を脱して共産社会にもどるのだ。ただし未来の共産社会は、電化やオートメ化など、科学の発展によって生産力の飛躍的拡大がもたらされ、好きなだけ働き、ほしいだけの物を人びとは受けとることができる。

　夢のようである。マルクス主義は「科学的な思考」が売りだが、ここにあるのはメシアニズム[*1]が形を変えたものだ。

　だが、青年・高橋貞樹にとっては、これらの思想は信じるにあたいした。現実の圧政と貧困と差別が、青年をこれらの思想へと押しやった。マルクスの思想には正義があるとともに救済もあった。いまこそ階級の悪と奴隷の誕生について、人びとの蒙《もう》をひらく必要がある。被差別部落が「征服者の歴史に対する、血の最後の滴りをも搾取せられたる奴隷の歴史」であるとするならば、階級の発生と奴隷の誕生にふれずにすますことはできなかった。

そのような思考の結果、部落の解放が共産主義革命による階級の死滅によってもたらされるのは当然に思えた。いや、結論のほうがさきにあった。

3

しかし奴隷がのちの部落ではない。しかしまた、部落と奴隷は無縁ではない。ここのところを高橋貞樹は、佐野学の教えに忠実につぎのようにいう。

古代の被征服民族にして賤業を課せられた奴隷が、時代の経過とともに一定特殊の社会群に変じ、さらに賤業を営むものが穢多族であるという観念に変わったものであろうと思惟する。

あるいは、同じことをいいかえて、

特殊部落民大多数の起源は、遠く古代日本の奴隷群にまで溯《さかのぼ》り得るのであって、穢多族という明白なる階級的存在を有するに至ったのは、遙かに下って後代のことである。

という。この理解が、奴隷制度について述べる根拠になった。

あとは迷うことはない。氏族制度《うじぞくせいど》・品部《しなべ》・五色《ごしき》の賤民[*2]（官戸《かんこ》、陵戸《りょうこ》、家人《けにん》、公奴婢《くぬひ》、私奴婢《しぬひ》）などについて論を展開する。これら、上代日本の奴隷群に、のちになって浮浪民や落魄《らくはく》した自由民がくわわり、「中古賤民」が誕生する。

高橋は、第三章の表題を、「特殊部落民の起源としての中古賤民」として、とくに「雑戸《ざつこ》」に注目する。また、山家《さんか》や傀儡師《くぐつし》、産所《さんじょ》などの賤民について述べるが、ここは喜田貞吉に多くを負っている。それぞれの賤民についての各論だけではなく、屠《と》者《しゃ》・皮細工人《かわざいくにん》・河原者《かわらもの》が、えたの源流になったという見方も踏襲している。

純粋なる職業的方面から見れば、穢多という社会群の起源をもって、屠者、皮細工人、および河原者の三者の合一となす喜田博士の説は正当である。

というふうに。

大化の改新から奈良時代、そして平安朝にかけて、つまり、「一千年」まえにちかづいて行くあたりは、部落史にとってもっとも重要な時期だ。

ただ、賤民から部落民が形成されてきたといういいかたは、耳目《じもく》に抵抗なく入るがゆえに、もうすこし注釈があっていいと思う。種々の賤民は、非人・無宿や遊芸民として、後代へと流れてくるのだが、えたは賤民の一種といいえても、賤民のだれもがえたになれたわけではない。非人ら賤民一般は、戦国時代までは浮浪民で一代かぎりか、せいぜい数代だが、えたはその仕事を、何十代にもわたって世襲するし、定住している。賤民のうちにあっても、他の賤民とは画然とちがう。

水平社宣言にある「産業的殉教者」の「産業」の意味が、じゅうぶんに把握されなければならない。ここをはずしては、「特殊部落史」にならない。えた身分形成の日本的独自性がつかめない。

傀儡師（『人倫訓蒙図彙大成』）

＊1　キリスト教で、後世に救世主が登場して新秩序のよい世がもたらされるのを待望する思想。

＊2　五色の賤ともいう、律令制の賤身分。陵戸、官戸、家人を上位、公奴婢、私奴婢を下位とした。陵戸

は陵墓の守衛、官戸と公奴婢は官の仕事、家人と私奴婢は私家の仕事に従事した。

二十一●奴婢と雑戸

エタは餌取か？

1

高橋貞樹の『特殊部落一千年史』には「奴隷」という言葉があふれている。ドレイ。いまでは、あまり目にしないが、戦前にはよく使われた。児童書にまで奴隷は登場した。くさりにつながれた人間が市場で競《せ》りにかけられている。さし絵の奴隷は、しばしば黒い肌であった。奴隷は主人に所有される。つまり主人に隷属していて売買される。

「奴隷」の概念が、明治から大正にかけて日本でひろまったのは、第一には明治維新の三年まえの一八六五年、アメリカが奴隷制を廃止したことにある。奴隷の存在が近代の人権イデオロギーによってあぶりだされ、よくないことになった。

第二の理由は、唯物史観で古代ギリシアやローマ帝国を説明するとき、「奴隷制（奴隷制度）」を強調したからである。明治・大正の知識人は歴史をふりかえり、日本にも「奴隷制」があったのではなかろうか。このように、まずは概念が先行して奴隷をさがしてみたところ、「奴婢《ぬひ》という制度」が見つかった。そんなところだ。

もちろん、訳語の問題がある。英語を例にしていえば、slaveryという語に「奴隷制」という中国漢代の表記をあてはめたとき、「奴」には、「奴婢という制度」の「奴」があらかじめイメージされていた。奴婢の「奴」は男、「婢」は女だ。奴隷は男ばかりではないが、訳語のできた時代は男尊女卑だ。男（奴）でもって代表させた。奴婢は、律令では「五色の賤民（五賤）」のうちでも最下位である。しかしこんにちでは、「奴婢という制度」が奈良時代の社会全体の生産様式を規定しているとはいえないので、奴隷制という規定をしない。

欧米から輸入した思想や概念でひとしきりさわいでみるというのが、こんにちにつづく日本の学問のスタイルである。「奴隷」概念の流行《はや》り廃《すた》りも、おなじ流れにある。しかし高橋貞樹がしきりに「奴隷」という言葉を使ってえがいてみせた、奴婢ら賤民の悲惨さのほうは流行ではない。聖武天皇の仏教隆盛のおひざもと、奈良のみやこではいたるところ行き倒れた人でいっぱいであった。そのことを高橋貞樹は、「奈良の町中死骸の山」という言葉を引用して語っている。

京都の河原に打ち棄てられた白骨の山もまた、平安時代を語るときにわすれてはならない。こんにちの歴史の本から、社会の「光」と「闇」のうち、「闇」のほうの記述が急速になくなっていることを、「奴隷」の概念がふと気づかせてくれる。

2

話をすすめよう。律令制の解体から荘園制へと、社会の土台が変化する。いまから千年とすこしまえ、醍醐《だいご》天皇のころだ。

『特殊部落一千年史』第一編の第三章は、「特殊部落の起源としての中古賤民」という表題で、部落の起源に結びつくものとして「雑戸《ざっこ》」をあげている。雑戸は、品部《しなべ》とあわせて、雑色《ぞうしき》という。雑色のしたに、前章の奴婢を底辺とする「五色の賤」が存在するのだから、雑戸は賤民ではない。賤民ではないが、高橋貞樹によれば、かれらもまた「工業奴隷」という奴隷で、やがて賤《いや》しまれるようになった。

雑色は大蔵省や宮内省《くないしょう》など、律令制下の諸官省に所属して、特殊の工業製品を製造した。

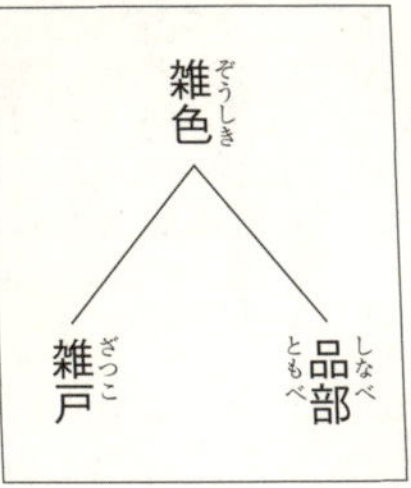

品部は紙すきとか漆《うるし》などの仕事にたずさわり、雑戸は軍事関係の技術者で、京都の侍小路に住んだというが、わたしの勉強不足のため、どんな服装で、どんな家に住み、どれほどの拘束をうけていたのかが、わからない。

奈良から平安へという時代の動きのうちで、どのような変貌をとげるのか。

高橋貞樹は、かれらが農業にたずさわらなかったことや、先住民や帰化民が多かったため、その身分は「賤しいとされた」という。あるいは、かれら雑戸の者は、職業を代々世襲し良民との結婚を禁じられていたという。

さきの奴婢は家族をもつことすらもゆるされなかった。くらぶるに雑戸はまだいい。子がないと、職業の世襲がうまくいかないという事情があったにしても。

雑戸の仕事は専門性がつよかった。弓、よろい、船、くすり、鷹飼《たかかい》、馬飼《うまかい》、犬飼《いぬかい》などである。律令制の解体後も、雑戸の後裔は代々おなじ仕事をつづけた。もと雑戸のうち、のちの部落に結びついてくるものはなにか。高橋貞樹は、「特殊部落の起源としての中古賤民」に「雑戸」をあげていながらも、じゅうぶんには語っていない。つまり、こんにちへの宿題とした。

ただ、部落の村の形態に注目して、そのきわめて人為的なことを指摘する。

特殊部落は産業的にはほとんど工業村落で、その形態は密集的村落を多しとする。この密集は種々の原因があるが、産業上からもこれを余儀なくされるのである。

部落の土地のせまいことは、いまでは貧困に結びつけられているが、雑戸の仕事柄、密集にはその必然性があったという。一考にあたいする。

3

餌取《えとり》もまた、雑戸であった。兵部省《ひょうぶしょう》の主鷹司《しゅようし》に所属していた。鷹狩り用のタカに食べさせる肉を用意するのが餌取である。この肉は始めは馬牛であったが、のちには犬などになっただろう。エトリという音が、エタまたはエッタと似ている。高橋貞樹が餌取をとりあげたのも、エトリとエタとのつながりを考察するためであった。エタという語をエトリからの転訛《てんか》だとする往時の通説を検討するためであった。

検討過程で高橋貞樹は、「餌取が餌取としての職を勤めていた時代には、決して賤しまれていなかった」のだが、「仏教が盛んになって、殺生を忌む風習が上下に瀰漫《びまん》した関係」で、エトリが賤視されるようになったとした。

神道や仏教による「殺生禁断《せっしょうきんだん》の風」こそが、部落差別の思想的根幹にあることは、柳瀬勁介や喜田貞吉ら先行者がひとしなみに指摘したことだ。それが、餌取にもあてはまった。

高橋貞樹は、エタはエトリの転訛だとする説をくつがえすにはいたっていないけれども、エタのエを江として、皮なめしの仕事上、水のそばに住んだので、エタを「江田」として、これを「かわた」とも読ませたという。

また初期のエタは掃除《そうじ》人足《にんそく》のキヨメ[*1]であった。あるいは葬送にたずさわり、墓守をつとめた。あるいは、植木職であった。これらの者が同時に屠者《としゃ》であるのをふしぎがる。

いずれにしろ、エタの語源を探る研究は、正解は判明しないにしても、その過程で、さまざまな発想を生みだしてくれる。ここにはマルクス主義も入りこめないので、高橋貞樹も自由だ。

辻本正教『ケガレ意識と部落差別を考える』では、「穢多」という漢字は、そもそもは、ケガレ多しではなく、「穢」は、戎（まさかり）で肉を切るという意、「多」は肉だという。そういえば、騎馬民族系の国に「穢《わい》」（「濊」）というのがあった。この国名も、辻本の解釈の正当性を補強する。ただし、字の本義がわかっても、そのことが、エタという音に「穢多」という字をあてた日本の僧侶の博学を指摘するだけになるのか、それとも、穢多という職業が、古代中国にあって、その類似でこの語が輸入されたことになるのか。

屠児（『和漢三才図絵』より）＊2

＊1　不浄なもの、つまり触穢に抵触するものを片づける。

＊2　『和漢三才図絵』の「屠児」の項の絵。柳瀬頸介はこの書の説明を引用している。現代文に直して紹介しておけば、「天智天皇は詔して天下に六畜の肉を食うことを禁じた。以来神社はその穢れを忌み、仏教では殊に殺生を禁じる。それで餌取者を忌避して同居同火を使うことを許さない。そして姓氏をも異にしている。」

二十二●封建と芝居

暗黒の明治か、明るい江戸か

1

高橋貞樹は、「雑戸《ざっこ》」に注目をしながらも、じゅうぶんに論を展開できなかった。それは喜田貞吉とておなじであった。いや、そのようにいうと順序がちがう。高橋貞樹は始めから、喜田の雑誌『民族と歴史』の「特殊部落研究号」の巻頭論文「特殊部落の成立沿革を叙して、其解放に及ぶ」の「七、雑戸と賤民」をネタにしているのだから、むりもない。喜田貞吉が書いていないことは、書けない。書けなくても、「雑戸」は気になる。なぜかといえば、雑戸には馬飼部《うまかいべ》の後身の馬《う》戸《ま》（飼戸《しこ》）や、鷹戸《ようこ》などが属しているからだ。それに、この世界では技術の継承のために世襲がまもられている。

ただ、雑戸は、良賤制[*1]の「良民」である。律令の規定する「五色の賤民（五賤）」ではなく、上層の「良民」にとりあえず属している。しかしながら、「公民籍」ではなく、独自の「雑戸籍」に記入され、奈良時代には「良民」との結婚を禁じられた。良民の最下層というところか。喜田貞吉は、「良民」と「賤民」とのあいだと理解しているが、官に従属して奉仕しているので、この点では賤民にちかい。

ただし、この階層は社会的な上昇をとげる。いずれの戸《こ》も社会に必要な専門的な技術をもっていたからである。七四四（天平十六）年、聖武《しょうむ》天皇のときに、「雑戸《ざっこ》解放《かいほう》令《れい》」が出る。「雑戸籍」は廃止になり、一般籍に登録される。雑戸はここで消え、のちの部落（えた）につながらないとするのが、こんにちの一般での理解だ。

それでは、飼戸・馬飼の仕事はどうなったのか。馬飼の内部での分業の進行を追ってみなければならないだろうが、それをいまここで述べていると話がそれてしまう。「馬の文化史」のほうでゆっくりと検討したい。

馬医者（『和漢三才図絵』より）

2

高橋貞樹の考えでは、武士の台頭期《たいとうき》が部落の形成時代である。たまには、高橋の言葉に耳をかたむけよう。

穢多の職業は、社会構成の上に必要な、工

業部門を含むものであった。触穢禁忌《しょくえきんき》の風が盛んであればあるほど、必要欠くべからざるものであった。死牛馬の始末、汚物の取り片づけ、境域内外の警邏《けいら》掃除には必ず穢多の手を要した。中古以来、大きな官署、社寺、郷邑《きょうゆう》には、これを付属せしめた。戦国時代に、各地に群雄割拠した頃には、武具の調達、あるいは城下の掃除には是非とも必要であった。

（第五章　特殊部落の形成時代より）

よくまとめている。疑問の余地がない。

3

右のように、判明している史実だけをならべるときは、べつに高橋貞樹の個性というものはない。マルクス主義者かどうかもわからない。だが、これらの記述の前後には時代を説明する概念がある。それが、もろに史的唯物論だ。

つまり、中世は「農奴制」と規定される。古代の「奴隷制」が、「農奴制」に進歩したという。ヨーロッパの社会制度を説明する概念が、そのまま強引に日本にあてはめられる。農民は土地にしばりつけられて封建領主の搾取をうけた。経済的には自立しているが身分的には不自由であった、ということだ。

高橋貞樹は、「農奴制は奴隷制に比すれば遥かに自由な制度であったが、実質は彼らは土地に結びつけられた奴隷であって、悲惨なひどく抑圧されたものであった」ということになる。このような「民衆悲惨史」は、徳川幕府の説明ではすさまじい表現になる。

徳川時代は民衆にとって全く屈辱の時代であった。

反動的に暗に凄惨な影が三百年の治世の上に覆い被っていた。

士・農・工・商および穢多・非人の階級的障壁の峻酷《しゅんこく》なる、あたかもインドの種姓《しゅせい》制度《せいど》のごとき身分制度を確立した。武士以外の庶民は奴隷的境遇に落ちた。

と、高橋はいう。激越なアジテーションだ。しかし、これらの言葉も師の佐野学の受け売りだ。つぎの佐野の表現と、右の高橋の文をくらべてみてほしい。言葉も似ているし、感情の昂揚までそっくりだ。

「徳川時代は日本歴史を通じて最も暗欝なる時代、民族的性格の最も堕落した時代である。此の時代を通じて自由主義の哲学は一ページも編まれなかった。全社会は

「印度の種族制度の如く厳格な階級制度に依りて呪はれて居た」
（佐野学『特殊部落民解放論』）

徳川を悪くいうのは、維新の偉業をたたえるためだ。新しい社会が、その前代よりも、どれほどいいのかをいいたい。だが、ほんとうに江戸時代はバツで、明治時代はマルなのか。維新以後の社会に自由な空気の流れたのはわずかな期間で、あとは「暗鬱」な時間が流れたのではないか。「新聞紙条令」が敷かれるあたりから、おかしくなる。

自由民権運動の抑圧後、教科書は検閲《けんえつ》から国定化へ、徴兵制度による農民戦死者の増大、軍備拡張のための増税、神道批判をしただけで大学の職を追われ、南北朝を並立して論じた史学者は文部省を首になる。天皇制を批判するのは、「大逆」になった。幸徳秋水ら十二名はじゅうぶんな裁判もないまま即座に処刑された。

わたしの知る「明治」は、街灯はともるが、光はごく一部を照らすだけで、あとはくらい。司馬遼太郎は明治を国が青雲の志をもった時代とするが、とんでもない。すでに神道を中心としたイデオロギー統制が着々と進められていた。

佐野学が維新の偉大さをほめたたえるために、不必要に江戸時代をおとしめるのは、学者としていかがなものか。「封建制」という教条がさきにあって、徳川幕府の社会は「暗欝」となり、「堕落」となるのでは、マルクス主義の思弁の特長があるだけだ。

先日、新春をことほいで、ひさしぶりに歌舞伎を見た。「勧進帳《かんじんちょう》」や「白波五人男《しらなみごにんおとこ》」など、ポピュラーな演目だ。

「白波五人男」では、呉服商の浜松屋に女装の弁天小僧があらわれ、「知らざぁ言って聞かせやしょう」のセリフになる。ついで、稲瀬川《いなせがわ》（隅田川）を背にした五人の悪党の勢ぞろいだ。そのあとに、大屋根という場面があり、これは初めて見た。

極楽寺の大屋根に弁天小僧が立ち、何十人もの捕方《とりかた》をばったばったと斬り倒す。最後は切腹するのだが、なんとも、すごい場面だ。立回りがすごいのではない。斬り捨てる。ただ、斬り捨てる、その単純な行為がすごいのだ。

ほんとにあきれるほど延々としつこい。町奉行の配下の者を斬る。斬っては屋根からけおとす。これが延々とつづく。

河竹默阿弥がこの劇を書いたのは、一八六二（文久二）年で、もはや幕末だが、前年に和宮《かずのみや》が降嫁《こうか》している。まだ幕府瓦解という雰囲気ではない。そのころの江戸で、こんな芝居をやっている。悪党が主役で、幕府は斬られ役だ。

明治時代になって、巡査を機関銃で何十人も撃ち殺すような劇の上演が可能であっただろうか。と、わたしは佐野学にききたい。江戸時代には「自由主義の哲学」はなかったにしても、「自由主義の芝居」はあった。

＊1 律令制では人民は良と賤に区別された。租庸調《そようちょう》など税をおさめる良民と、特定の主人に従属して奉仕する賤民とである。賤民は陵戸《りょうこ》、官戸、家人、奴婢である。品部と雑戸は良と賤の中間とする説と賤民にちかいとする考えとがある。

二十三●鎖国と皮革

部落は封建遺制にあらず

1

マルクス主義者・高橋貞樹によって、部落史はどのように書きかえられたのか。それを、ずっと見てきた。それまでの部落史にマルクス主義の衣裳をまとわせた。だから衣裳と中身を分離できる。衣裳をぬがせると、むかしの部落史にもどる。

たとえば江戸時代においては、「穢多と非人とは奴隷中の奴隷」というふうに規定される。「徳川幕府の階級政策の犠牲」になり、「畜生扱い」され、「人間の権利は悉《ことごと》く剝脱《はくだつ》」されたとなる。だが、一歩、具体的な史実になると、高橋貞樹以前の部落史の内容である。

弾左衛門への言及もかなりあるものの、その制度が果たした意味を問うよりは、これまでの史資料の紹介になる。

十三代の弾左衛門は、一八六八（慶応四）年一月に身分引き上げになる。江戸開幕以来はじめて、部落民が平民になった。このことが、幕府支配の大原則である身分制に違反したという指摘は高橋にはない。堤防はアリの穴からくずれ始める。

弾左衛門（直樹《なおき》）の身分引き上げは、幕府が賤民制をもはや維持できなくなったとの白旗《しろはた》であったし、身分制度解体の始まりをつげていた。これを「唾棄すべき醜悪な幕府の懐柔策」というだけでは、ことの本質にせまれない。この懐柔策を「ありがたく存じ」た弾左衛門を、同胞へのうらぎりのようにいうのは、これまた一面的で、ことの本質にせまれない。

第13代弾左衛門・弾直樹とその妻。
弾は明治4年、50歳、妻は明治40年、61歳の頃。
（高橋梵仙著『部落解放と弾直樹の功業』より。
法政大学大原社会問題研究所蔵）

明治維新から解放令までの四年間の記述もまた、一八六九（明治二）年の公議《こうぎ》所《しょ》での加《か》藤弘之《とうひろゆき》の「非人穢多御廃止の儀」や、大江卓の「穢多非人廃止建議《けんぎ》」などの資料を列挙するにとどまる。

弱冠十九歳の青年が、佐野学の指示にしたがったのだろうが、それにしても、それらをよく読み、よくまとめた。一方で政治運動をつづけながらであったことも忘れてはならないだろう。驚嘆はするものの、評価はそこまでだ。

2

維新から解放令反対一揆までを素描して、高橋貞樹は自問する。高橋以前にも、人びとが疑問とし、高橋以後も多くの人が、さまざまに解釈をした疑問である。

つまり、なぜえた部落は解放されずに残ってしまったのか。解放令で、一期を画した部落が、なぜに完全な解放にいたらなかったのか。

この問いにこたえるに、高橋は、解放令が上からの命令にとどまり、下からもりあがったものではないとか、

> 穢多は穢《けが》れたものであるという差別観念と職業関係と、「穢多」という同情なき文字とに累《わずらわ》されて今も存続しているのである。

とか、先人の解をくりかえす。

もちろん、説得力はない。「非人」という文字に同情がこもっていたとは思えないし、非人の一面をいう「乞食《こじき》」は、近代になっていっそう忌避される存在になった。

それでも、非人は解放された。

高橋貞樹には、「ブルジョア革命」がなになのかという理解はある。マルクス主義者だから、ありすぎるほど、つよくある。ならば、ブルジョア革命が身分制度を破壊したあと、なぜ、なお「部落」が存続したのかは、よく考えればわかるはずだ。わかってもおかしくない。

身分制が解体されたのちには、もう「えた」はいない。だから、もはや「えた」とは呼べない。そのとき、わざわざ「新平民」と呼んでかれらを差別したのは、農民の意地の悪い視線であった。

盲人もまた、「当道座《とうどうざ》」という身分制の廃止後、近代での差別に直面する。「めくら」という意地の悪い差別語を市民からあびせられる。

維新後の日本社会に、身分制度に代わる近代的な（近代特有の）差別関係が誕生したのである。ブルジョア革命が「平等」を旗じるしにしたため、実現した社会における「不平等」な存在がきわだった。あるいは、人びとは不平等な「しるし」をさがしはじめた。近代の差別は、被差別者に、動かしにくい「しるし」を見つける。障害者は、その障害の箇所がしるしになる。元えたは、代々の集住（場所）が目じるしにされ、のちには、貧困がかさなる。目じるしに貧困がかさなったとき、一時期、部落問題とスラムの問題がクロスした。

維新後、スラムに流れこんだ元非人の多いことを考慮するならば、非人も解放されないで、ふたたびルンペンとして、差別の視線をあびたといえなくもない。

まとめておけば、近代の差別は、差別者が被差別者にしるしを見つけ（しるしを作って）て攻撃・排除する関係性である。社会全体に、つまり、教育やマスコミに、（その関係の不当なことを認識しながらも）、その関係を容認する文化が支配的に存在しているとき、差別になる。

このようなことに、マルクス主義者・高橋貞樹がなぜ気がつかなかったのか。高橋貞樹がそのことに言及していたならば、「部落は封建制の遺制」というおろかな概念が、第二次大戦後まで生きのびることはなかった。

3

おなじようなことが、近世部落の完成と鎖国の問題についてもいえる。

江戸時代になって、えた部落が完成する。「えた部落が完成する」とは、へんないいかただが、鹿児島から会津のあたりまでの各藩において部落のネットワーク化が進行する。明治維新後に、郵便局や小学校が「津々浦々」にできたように、江戸時代になって、えた部落は、「津々浦々」にまで張りめぐらされた。もちろん、自然にそのようなことになるはずがない。明確な政治的・経済的な意図があって推進された。

農民の不満をそらすためではない。必要欠くべからざる産業上の必要があったからである。各藩とも共通して、その必要性があった。なにか。皮革が不足したからである。

服飾の本を漫然と読んでいると、もめんのたび（木綿足袋）がもちいられるようになるのは、明暦の大火ののちだとある。それまでは、かわたび（革足袋）が一般的であった。明暦三年の大火は振り袖火事とも呼ばれるが、一六五七年のことだ。火事のあと、耐火用の革羽織がはやり、革の値が高騰した。それで、革をたびに使用できなくなり、もめんでたびを作るようになったと、ものの本にある。

だが、ちょっとばかり江戸で革羽織が流行したぐらいで、革が不足し、値段がたかくなるとは面妖である。平和な時代（元和《げんな》偃武《えんぶ》）になり、武具や馬具につかう皮革の量は激減していたはずだ。それなのに、なぜか革がたりない。

ここには鎖国の影響が出ている。一六三九（寛永十六）年以降、皮革はもうアジアから入ってこない。やがて、問屋がストックしていた革もなくなる。大火とは関係なく、皮革が慢性的に不足してきた。それは全国の藩に共通する悩みであった。解決には、各藩ごとに不足をおぎなうほかはない。

農家での死牛馬を一頭もむだにしないで収拾するシステムの整備がいそがれた。「牛馬捨場《すてば》」の整備と新設、えた村のネットの緻密化《ちみつか》が焦眉の課題になった。そのため、部落は藩によって原則として統治される。一方、部落間のつながりは藩境をこえる。これは皮革の流通がもたらした。

江戸時代に「えた部落が完成する」ことと、鎖国とはきってもきれない関係にある。もし高橋貞樹がひと言でも、このことにふれていたならば、部落の「近世政治起源説[*1]」が、ふくろ小路にはまりこむこともなかった。

*1　部落は皮革の生産のほか、下級刑吏などの役があたえられている。各藩が他藩をまねて、城下に部落を政治的に作った場合も、けっしてすくなくないが、それをもって至上の教条にしたのは、ほかに政治的な意図があったにしても、まちがいとしかいえない。

二十四●水平と階級　部落内の有産無産、そして天皇

1

高橋貞樹の『特殊部落一千年史』を読みながら、解放令にいたった。すでに、『一千年史』に先行する書よりも、多くの紙数をさいている。

この本を中心に置こうというのは、当初からのプランであった。なぜ中心が高橋貞樹の本なのかは、それが論じるにあたいする「部落の通史」であるからだ。それも、まとまった部落の歴史としては、柳瀬勁介の本をべつにすれば、日本で最初の本といってもいい。高橋自身も、自著巻末の「参考著書論文」のリストで、「明治以後、部落について記した書はあるが、価値あるものは少ない」と、断じてはばからなかった。

また高橋貞樹は、マルクス主義（唯物史観）でもって、それまでの歴史解釈をとらえなおそうとした。成功したかどうかは異論もあるが、じゅうぶんに野心的ではあった。刊行の二年まえに、水平社が誕生している。その運動の展開のためにもマルクス

主義でもって記した部落史のテキストが必要とされた。ひとつの時代は、その必要とする理論や道具をかならず生みだすが、本書は、そのようなものであった。刊行後すぐに発禁になり、伏せ字だらけの改訂版になったが、それでもよく売れた。

解放令以降のことが、くわしく書きとめられているのも、運動に有益にはたらくと判断してであろう。刊行時点の一九二四（大正十三）年までの部落の悲惨な動向が、よくわかる。近代部落の五十数年間が、ページ数でみても、書物全体の三分の一以上になる。解放令後に部落民がこうむったさまざまな差別が語られる。基幹になる産業をうしなった部落の貧困もまた述べられる。後年になって、わたしがいろいろな書物から知る事件が、きのうのこととして報告されている。その叙述がまた、貴重な資料になっている。

2

『特殊部落一千年史』の後半、近代部落についての記述については、一、二の問題点を指摘するにとどめておく。

ひとつは、有産《ゆうさん》と無産《むさん》の問題である。部落のなかでの金持ちと貧乏人のことである。工場をもつ部落民と、そこではたらく部落民のことである。部落にも、それほど多くはないにしても、有産、中産の資本家（地主）がいて、部落の労働者（小作人）が、そこではたらいている。資産家は無産者を搾取し、利潤をえている。マルクス主義者の高橋貞樹は、この関係をどう解決するのか。

かれのそばには、資産家の阪本清一郎《さかもとせいいちろう》がいる。にかわ工場を、柏原だけではなく、和歌山県や長野県の各地で経営している。第一次世界大戦がおきると、戦争成金《なりきん》になる。高橋貞樹はこの有産者の家に泊めてもらう。阪本清一郎がたんにあこぎな資本家ならば、ことはかんたんだ。敵対するだけだ。しかし、阪本清一郎は部落差別の解消に、カネと心血をそそぐのだ。万難を排して、西光万吉らとともに水平社の結成にこぎつける。

阪本のような部落の資産家はほかにもいる。あるいは、そのような部落の資産家の青年であって初めて、運動の中心をになう力を身につけることができた、ともいえる。高橋貞樹も、ことがかんたんではないことを感じている。そして、部落有産者にたいする判断はあいまいになる。かれらが融和運動にむかうのは牽制《けんせい》するが、搾取者としてはしいて弾劾《だんがい》をしない。かれらが部落の無産者の敵だとは明言しない。ただ、有産の部落民の市民化が、部落民全体の差別解消に結びつかないという。

単なる差別撤廃の運動は、部落民を有産者と無産者との二つの階級に分ける作用をするのみである。

「単なる差別撤廃の運動」というのが融和の人たちを指している。部落民のうちの有産者のみが「市民」になり、ほかはとりのこされる。このようないいかたの背後には、無産部落民は全員一致して、労働者・農民と結合し、資本主義社会をたおさなければならないという思念がよこたわっている。悪は体制そのもので、部落を差別しているのが、となりの本村の農民であるという、あまりにも明瞭な現実が視野から欠落する。

差別者は地主や資本家だけではない。小作農民もまた、地主が顔負けするほどに部落民を差別したのだ。工場労働者も社長といっしょになって、自分たちよりも低賃金でやとわれた無産部落民を、「新平民」と呼んで蔑視した。

部落民の就労は一般労働者の賃金をひくくおさえるように作用したから、両者の利害は対立する。資本家は、それを利用した。江戸時代の部落を説明するための「社会のしずめ石理論」は、この近代の感覚をそのまま、むかしに移行したのかもしれない。しかし、農民の不満をそらすために、えた・非人を置いたという「しずめ石理論」によって、前近代における皮革の生産システムの影がうすくなったのは、大きなマイナスであった。

3

もうひとつの問題は、天皇制についてである。『特殊部落一千年史』のなかの第二編・近代の論述では、天皇についてひと言もふれていない。これは、なぜなのか。当時、大江卓がしきりに吹聴《ふいちょう》してまわったのが、解放令を出したのが明治天皇だというデマゴギーであった。実際の解放令は、大久保《おおくぼ》利《とし》通《みち》ら主導の近代化政策の一環として施行された「部落の切り捨て」であり、天皇の関知するところではなかった。

まさか、高橋貞樹が大江卓の影響を受けていたとは思えないが、なぜ『一千年史』から天皇がかくされたのか。同時期、西光万吉らは天皇に「上奏文」を提出することを考えている。とすると、天皇を免責《めんせき》したい気分のようなものが、水平社の面々にあったのか。『日本の聖と賤・近代篇』（人文書院、一九九二年）で、沖浦和光と対談して野間宏が、『特殊部落一千年史』について、「佐野学や喜田貞吉の研究を下敷きにしているんですけど、天皇制をはっきり意識しながら賤民史

明治天皇、明治５年

を構想するあたりは、高橋独自の鋭い歴史感覚でしょう」といっているのは、いただけない。高橋の天皇制の意識の仕方は野間宏のいうのとは正反対だ。

4

高橋貞樹は、数え年、三十一で死ぬ。

大阪府泉北郡《せんぼくぐん》の南紬松村《みなみへのまつむら》で『特殊部落一千年史』を書き、雑誌記者の小宮山富恵を東京から呼んで所帯をもった。水平社の仕事を手伝ったりして、三年ほどを関西ですごしている。

一九二六（大正十五）年に、日本の革命組織の代表としてモスクワにわたった。一九二八（昭和三）年、三《さん》・一五《いちご》事件《じけん》*1（西光万吉も逮捕）を知るや、ひそかに帰国し、共産党再建に孤軍奮闘したものの、翌年の四《し》・一六《いちろく》事件《じけん》*2で逮捕された（佐野学もこのとき逮捕される）。

沖浦和光の著作や事典類によると、高橋貞樹は小菅《こすげ》刑務所で結核が悪化し、刑の執行が停止された。一九三五（昭和十）年のことであるから、二十代後半の六年間を、圧政の犠牲になったことになる。書きたい思いや、読みたいもの、したいことが、いっぱいあっただろう。獄をでたときは、もう重体で、しかも数日の余命しか残されていなかった。享年三十一。

柳瀬《やなせ》勁介《けいすけ》も、二十八という若すぎる死であった。ふたりとも、早熟にして早世であった。

＊1　一九二八（昭和三）年三月十五日に行われた、日本共産党関係者に対する一斉検挙事件。千数百人が検挙され、水平社からも朝田善之助、井元麟之、西光万吉、木村京太郎らが検挙。

＊2　一九二九（昭和四）年四月十六日、前年の三・一五事件に引き続き行われた日本共産党員大量検挙事件（約七百人）。高橋貞樹、鍋山貞親、佐野学らも検挙され、その後、共産党指導部は壊滅した。

二十五●別所と蝦夷

菊池山哉の俘囚研究

1

高橋貞樹の『特殊部落一千年史』は、刊行直後に発売禁止になった。関東大震災の翌年、一九二四（大正十三）年の五月である。このことはなんども書いた。その前年にも、部落史で発禁になった本があった。

菊池《きくち》山哉《さんさい》（一八九〇〜一九六六年）の『穢多族に関する研究』である。

東京市役所勤務の三十二歳の郷土史家が書き、三星社から自費出版した。三星社は、雑誌『歴史地理』などを出しており、喜田貞吉があっせんしたのだろう。『穢多族に関する研究』は一九二三年七月に刊行されるが、すぐに結成一年目の水平社が糾弾する。水平社のメンバーのひとりが内務省に行き、警保局長《けいほきよくちよう》*1を右の新刊でもってなぐり、このような差別的な内容の本が刊行されてもいいのかとつめよった。警保局はあわてて、発売と頒布《はんぷ》の禁止を命じた。

もちろん、水平社のとった行為はまちがっている。権力の手をかりて一書を抹殺してみせるなど、なんの自慢にならない。ここは、『穢多族に関する研究』の気にくわない理由を明示して論戦をいどむのがよい。

のちに関東水平社の平野小剣《ひらのしょうけん》が、菊池山哉を私宅にたずねて謝罪した。ふたりは同世代である。これが、『穢多族に関する研究』の改訂版が四年後、一九二七（昭和二）年七月に『先住民族と賤民族の研究』とタイトルをかえて出版されたとき、その巻頭に、多くの歴史家にまじって平野小剣が推薦文を寄せているゆえんである。

さて、『穢多族に関する研究』を、高橋貞樹が読んだのかどうか。水平社の糾弾に高橋は無縁であったのか。事件を耳にすることはなかったのか。高橋貞樹著『特殊部落一千年史』には、菊池山哉の名は出てこない。

『穢多族に関する研究』は発禁になり、しかも一ヵ月とすこしで関東大震災である。この書にたいする喜田貞吉の反論を掲載した『民族と歴史』九月号のゲラも、灰燼《かいじん》に帰している。

菊池山哉の『穢多族に関する研究』は、高橋貞樹の『特殊部落一千年史』にさきだつ部落史の一巻であった。それが、そのような評価を受けなかったのは、天変地異のほかに、その内容がマルクス主義とは縁遠いものであったからである。時代の主潮とずれているものは、いつでも、いかがわしく見られる。

『穢多族に関する研究』（改訂して『先住民族と賤民族の研究』）は、日本の先住民をイエッタ族だとする。部落民はこのイエッタ族の末裔になる。イエッタが「エッタ」となまった。

イエッタ族とは、ききなれない。菊池山哉によれば、「樺太《からふと》のオロッコ族と同じもので、ツングウス族」である。オロッコとは、こんにちでいうウィルタである。いまもサハリン（樺太）の北部にいる。少数だが北海道で生活している。

やがて第二次大戦後、菊池山哉は、部落民がオロッコ（イエッタ）の子孫だという考えを放棄する。そして、部落について一から勉強しなおそうと決意し、全国の由緒のある部落を歴訪する。その研究の成果が『特殊部落の研究』*2になるのだが、ここでは論じない。

2

それよりも、戦前の菊池山哉のように部落民を日本の先住民族と結びつけてとらえようとする傾向についてだ。この傾向はこんにちまで引きつがれている。もはや、オロッコの系統とはだれもいわないが、エミシ（蝦夷）の系譜ではないかという。

江戸時代から第二次大戦後にかけて、部落民を朝鮮半島を経由して渡来した民族だとする考えが根づよかった。鎖国によって培養された攘夷思想と、帝国主義のもとで宣伝された排外思想とが、その背景にあった。

部落史は、この偏見と戦うことから出発しなければならなかった。

喜田貞吉は口をすっぱくして、「穢多は必ずしも帰化人の後ではありません。よしや帰化人の後であると致しても、我が国では民族の異同によって甚《はなは》だしく之を賤《いや》しむということはありません」といいつづけなければならなかった。そして、しだいに、朝鮮から渡来したのは天皇のほうではないかという人がふえた。価値観がドラスティックに逆転する。

えた身分は渡来人ではなくなる。渡来人でなくなったのと比例するように、えた身分は先住民族が関東・関西・九州・四国に点々と取り残されたのではないかという説が出されてきた。そのとき、先住民族としてエミシが注目された。こんにち、ミトコンドリアのＤＮＡのタイプを調べることで、エミシとアイヌと縄文人とは、同一の民族であることがほぼ判明している。そこで、つぎのようなシナリオになる。

ながい縄文時代の主役は、いまのアイヌの先祖で、日本の各地にいた。鹿児島までひろまっていた。そこに大陸や半島から弥生の民族が渡来してくる。当然、衝突し、戦争と講和がくりかえされた。混血が進行する一方で、あくまでも住み分けに固執する者もいた。

縄文人は征服者から「越《こし》」と呼ばれる。

越はやがて、古墳時代から律令時代にかけては「蝦夷《えみし》」と命名されて討伐の対象にされる。阿倍比羅夫《あべのひらぶ》＊3などの軍隊に圧迫されて、しだいに東北地方に追いやられる。戦争で捕虜になったエミシは、日本各地に少人数ずつにわけて収容された。捕虜たちは、天皇に帰順し、「俘囚《ふしゅう》」と呼ばれた。この俘囚が、部落の起源だというのだ。

3

このような考えが生まれてくる理由は、俘囚が置かれた土地がどこなのかが判明していないからだ。そこで安直《あんちょく》に、部落こそ俘囚の配流地《はいるち》ではないかとなる。俘囚が全国に点々と、数人ずつにわけて置かれた土地が核になって部落が形成されたとなる。こんなふうに考える人は、「別所《べっしょ》」を知らないからだ。

菊池山哉は東京の足立区の部落で、「筋《すじ》の違うのは、長吏ばかりではない。（略）別所の人も筋が違う」といわれて、別所に注目する。すると、あるわあるわ、全国に二一五ヵ所もの別所村を見つけた。それらの村には、東光寺《とうこうじ》や白山神社《はくさんじんじゃ》がしばしばある。白山神社は部落にもあるから、なんらかの親近性がある。菊池山哉の結論は、別所こそエミシの配流された場所で、部落がかれらを監視したというものである。

菊池山哉の仕事のなかで、「別所の発見」がもっとも重要である。このことをアカデミックな歴史家は知らないから、部落の起源が俘囚にあるなどと口走る。

菊池山哉の『別所と俘囚』[*4]には、各地の別所村の地名や写真がある。地図もつけられている。それら、別所村の場所と被差別部落の場所をつきあわせると、研究は一気にすすむ。しかし、差別のある現在、部落名は公表されていない。別所と部落の正確な関係の究明はいますこしさきになりそうだ。

＊1　警保局は内務省の一局で、悪名高い「特高」はここに所属していた。「特高」は特別高等警察の略称。

＊2　『特殊部落の研究』を復刻して、一九九三年に批評社から刊行しておいた。大仰な本で一万五千円ほどと高価になったが、古本屋で五万円はしていたのだからすこしだけ入手しやすくなった。

＊3　阿倍比羅夫は六五八年に「越国守」として日本海沿岸を北上しエミシを討った。『日本書紀』にある。

＊4　図の右下の説明に、△別所村、○産所村とある。・は部落なのだが、この時代はそのように書くとクレームがきそうなので遠慮している。

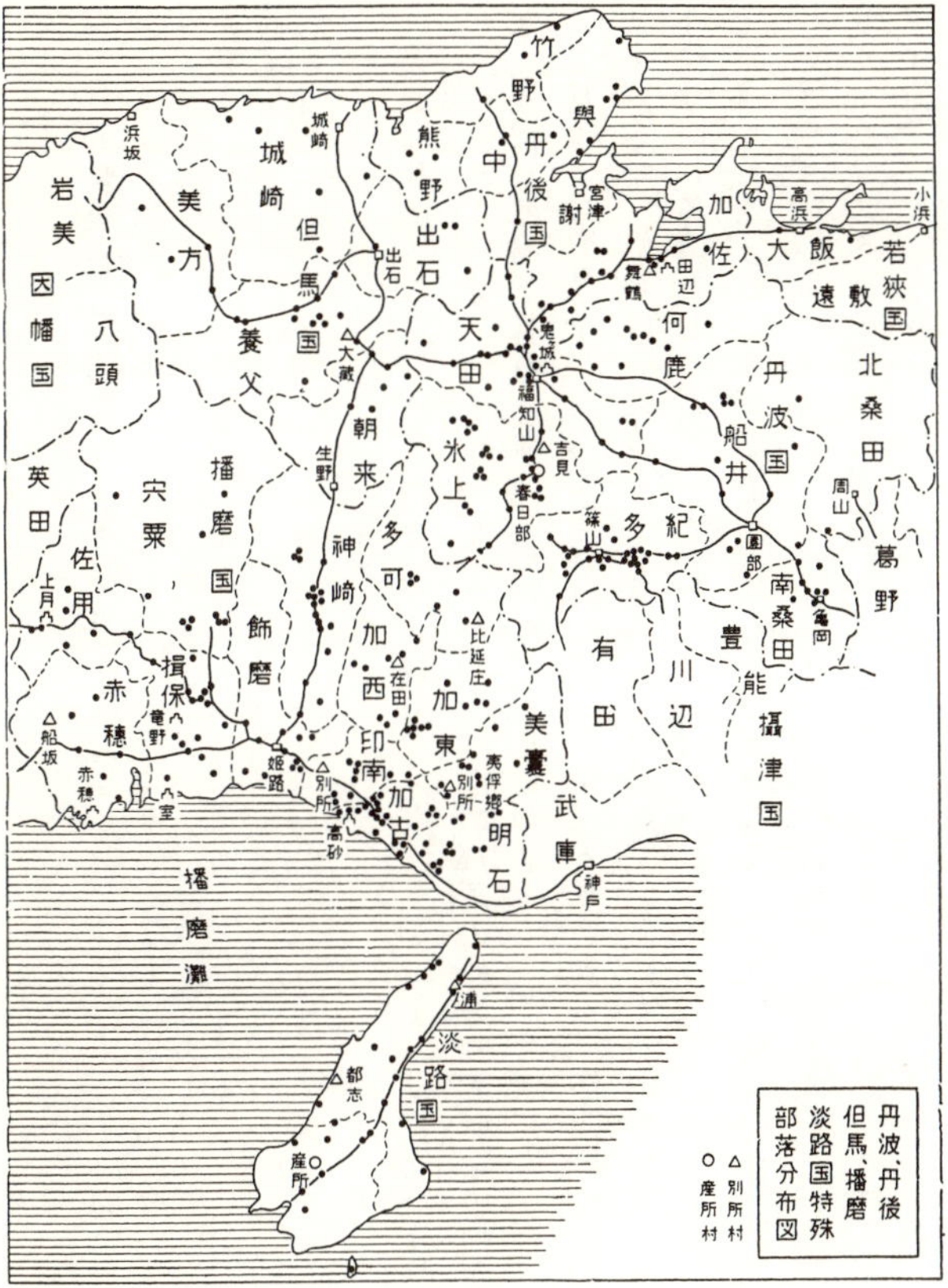

菊池山哉　『別所と俘囚』（批評社、1996 年）より

二十六●俘囚と部落　形質人類学からの報告

1

奈良時代のころだ。律令国家は東北地方で捕虜にしたエミシを各地に分散して置いた。俘囚《ふしゅう》といった。その俘囚が置かれた土地が、部落の始まりではないのかという説が、しばしば出される。前章に書いたとおりだ。

これは、『延喜式』（九六七年施行）に、各国に支払われる「俘囚料」が、稲の束を基準にして、端数にいたるまできちんと記されているにもかかわらず、肝心の俘囚在住地が、各国のどことどこなのかが、一例もわからないことからきている。そこで、その置かれた土地こそが、部落ではないのかとなる。菊池山哉は、そうではない。俘囚の配流地は「別所」といわれる土地で、部落は俘囚の監視者の役をはたしたと仮説をたてた。エミシの捕虜を西国につれてきて、山中に置き、柵をもうけて出入り禁止にする。

実在した大王《おおきみ》[*1]ではないと思うが、景行天皇のときの記事だ。『日本書紀』（七二〇年）によると、服属したエミシを、播磨・讃岐・伊予・安芸・阿波の国に置いた。その者たちが佐伯部《さえきべ》になり、宮廷警護にあたった。

サエキという言葉は、攻撃から「塞《さえ》ぎる」ことを意味する。喜田貞吉は話し声が「叫ぶ」ように聞こえたからではないかといい、菊池山哉によると、閉じこめられたという意味の「塞城《さえぎ》」である。さまざまな説があるが、語源についてはどうということはない。わたしがいいたいのは、つぎのことだ。古代からずっとつづく、朝廷とエミシとの攻防のなかで、捕虜になった者の実態がはっきりとしないまま歴史家の頭のなかを遊泳していて、ときに、俘囚と部落のつながりを妄想させたということである。

2

もうひとつ、エミシと部落を関連づける資料がある。小浜基次《おはまもとつぐ》の「形質人類学から見た日本の東と西」である。雑誌に載ったみじかい論文が、その後、なかなかの影響力を発揮する。もう忘れられたかと思うと、ひょいと引用する人があらわれたりする。[*2]

それで、ここですこしだけふれておく。

雑誌は、『国文学　解釈と鑑賞』である。国文学とあるが、この雑誌が文学から離れて視野のひろい問題をあつかった時期がある。ちょうどそのころに、右の小浜基次の論文が掲載された。特集「日本の東と西」の十八本の論考のうちのひとつであった。大野晋や金田一春彦や宮本常一らも、特集に参加している。

一九六三（昭和三十八）年四月号である。

一九四五（昭和二十）年から戦後しばらくは、日本の知的エリートの多くは、日本共産党に接近する。入党したり同伴者になる。マルクス主義者が、「戦後民主主義」の不備を指摘しながらも、その推進者になる。そういう時代がつづいた。

戦前の皇国史観にかわる、あたらしい知的な権威が生まれた。

その「戦後の知的権威」が崩壊するのが、六〇年安保闘争の前後である。教条から自由になった人たちが、階級一点張りとはべつの切り口で日本を見ようとした。それが右の特集である。歴史家や考古学者や言語学者や民俗学者らが、横断的・学際的にあつめられた。小浜基次は、形質人類学*3のほうからの参加者であった。雑誌に載る肩書きは、大阪大学医学部教授である。人間の身体の形態の特徴をしらべることで、日本人の起源にせまろうとする。

3

身体の特徴は、皮膚・毛・眼・指掌紋・血液型などから研究できる。小浜はここでは、頭を真上から見たときの前後の長さを比較する。

頭の幅を、頭の長さで割って、百を掛けるというかんたんな数式があり、数値で分類できるのだが、紙数もないので文学的説明にとどめよう。*4

うえから見てまるいのが「短頭《たんとう》」であり、楕円形で前後にながいのが「長頭《ちょうとう》」である。

短頭は朝鮮半島や関西に多い。

長頭はアイヌから東北地方にかけてで、静岡や東京のあたりは両者の中間になる。

これらの結果は三十年後、ミトコンドリアのDNAで調べた結果と一致している。

現在では常識になりつつある。

つまり、これだけなら、わずか八ページの論文がいまだに引用されることはない。

なのに、いまでも注目する人がいるのは、みじかい「追記」があって、そこに、「形質人類学的にみた未解放部落」という標題がついているからだ。

小浜基次は、解放令後九十年をへても、なお住地・職業・結婚で部落が差別待遇をうけているのは「社会的偏見」だけではなく、「一部には、異種民族的な偏見」があるためだとした。

いまだに残る異民族起源の偏見を打破し、訂正するために「追記」がつけられた。

誤解が生じないように、もっとも重要な箇所を、すこしながいが、そのまま書き写す。

われわれの全国的な日本人調査のうちには未解放部落もふくまれ、その調査地区は近畿、山陽、山陰、九州、四国に散在する四七部落にわたつている。しかし、資料としては少地域であるから、その所見のみによつて、全国的に分布する部落の性格を推測するには、充分な成績とはいいがたいが、それぞれの地域からえた所見を総合すると、部落民の形質は異質的なものではなく、現代日本人構成の有力な地方型である東北・裏日本形質に一致している。

小浜基次は、部落民を異人種とする江戸時代からつづく一部の考えを、科学的な調査でもって否定した。長頭・短頭の検査の結果、部落民は東北地方の人たちとおなじだという。のちになって、この研究を支えにして、部落民はエミシの系譜ではないか、という人があらわれた。「東北・裏日本形質に一致」しているのは、東北からつれてこられたからではないかというのだ。

小浜が、「畿内のような高度の短頭地区内にはさまった部落は、一般集団との間に明らかな差異がみとめられる」とつけくわえているのも、「別所」を知らない学者に、俘囚を連想させることになった。小浜基次の調査を受けいれるなら、いま部落に長頭が多いのは、別所につれてこられた東北のエミシと監視役の部落の人との混血が進んだとしか思えない。

4

部落史にかぎらない。歴史を語るつもりが、しばしば現在の思想を語ってしまう。客観的になりたくても、そして客観的にふるまっても歴史は描けない。今回は小浜基次の論文をあつかったが、発表時点では部落民は「異種民族」ではないということをいうためであった。当時は、まだ、被差別部落民を、「単一民族」にまじる「異民族」だとする偏見が市民の文化にあったということだ。それへの批判の論文が、こんにちではエミシと結びつけられる。ということは、そのような気分がいまの文化にあるのだろう。あるいは逆に、こんにちの歴史解釈を正当化するために、過去の諸説が適当に利用されているともいえる。つごうがいいものだけをとりあげて、つごうのわるいものは無視する。原資料への批判的検討すら、イデオロギーにつつみこまれる。

近代のアポリアである。

＊1　大王は雄略にはじまり、持統天皇が生まれるまでの君子の称号。
＊2　石渡信一郎『日本古代国家と部落の起源』（三一書房、一九九四年）など。この本では、「俘囚ではなくてエミシの捕虜が部落民の源流だ」という。

＊3　自然人類学ともいう。文化人類学にたいし、人間集団を体質や形態、遺伝などから研究する。
＊4　長頭と短頭の写真は、河出文庫『弾左衛門の謎』の六一頁を参照のこと。

二十七●転向と殉教　佐野学、民族主義者に堕す

1

西光万吉は一九二八（昭和三）年に逮捕される。三月十五日の早朝のことだ。同時刻に急襲された全国一五六八人のうちのひとりであった。

三・一五事件である。

再建された共産党が、「君主制反対」をスローガンにかかげて公然活動を始めたことへの、天皇制国家からの反撃であった。西光万吉は前年の秋に入党したばかりであった。

翌年の四・一六事件《しいちろく》では、鍋山貞親《なべやまさだちか》ら党の幹部が逮捕され、六月、上海《シャンハイ》で佐野学がつかまった。モスクワから日本にもどっていた高橋貞樹も、このときから六年間、獄につながれた。

「アカ」というだけで、逮捕されても当然だとする社会規範が醸成されていた。明治

維新以降、国教になった神道が遺憾なく猛威をふるいだす。日本が「神国《しんこく》」であるのをうたがう者は、それだけで「アカ」にされた。

第二次大戦後、五十五年たって、ときの総理大臣が日本を「神の国」といった。このひと言で総スカンをくったが、戦前では「神の国」といわなければ村八分になった。天皇は神ではなくて人間だと指摘するのは命がけであった。

こんにちでは信じられないだろうが、天皇制にかぎらず、おなじような「狂信」はいまもあちこちにある。

国民のほとんどが、天皇は神だと教えられて神だと思えば、それが荒唐無稽でも、おかすべからざる力になった。「君主制」に反対していた人たちも、時代の空気に対処しなければならなくなる。大衆は天皇を父のように愛している。共産党は、天皇こそ搾取の大本《おおもと》だといってきた。はたしてよかったのだろうか。共産党の主張は、人民から見れば「小ブルジョアの先端分子たるインテリ層」のたわごとだったか。

獄中で佐野学が反省していたのもそのようなことだ。

2

転向の時代が始まった。

これまでの信念をすてて、権力の横暴に屈伏する。機関紙『赤旗』で宣伝していたことを、ある日、あれはまちがいだったという。これは変節でもある。なんだか人間の汚点をつきつけられて、「これが人間だ」、「人間なぞこのようなものだ」といわれているみたいだ。いまわしくて、あまり思いだしたくない。だが、当時の人は、いちどかかげた理想が生きのびる道を、それなりに必死にさがしたのだ。現実に適応できる理論を創造しようとした。これまでの方針が挫折したならば、ほかの方針をたてなければならない。

佐野学ら、指導部にその思いはつよかった。新しい意見を表明した。それが、のちになってみれば、ふしぎにも、ファシズム・日本帝国の軌跡とおなじであった。

「共同被告同志に告ぐる書」が出されたのは、一九三三（昭和八）年である。

佐野学が、同志・鍋山貞親とともに、市谷刑務所内において起草し、審理中の二百余名の「共同被告」（共産党員）にあてたものである。「転向」の出発となった「書」として有名になる。

内容はコミンテルン（第三インターナショナル）[*1]への批判で一貫している。佐野・鍋山は「コミンターン」と表記しているが、この国際組織が、つまるところはソ連防衛を第一の目的にして、各国の共産党を引きまわしているのにうんざりだという。もう、つきあいきれないという実感がある。そうだろうと思う。多くの党員がうすうすと感じていたが、それを口にするのがはばかられていた。それを日本共産党の創立者たちが表明した。影響は大きかった。賛同した党員がぞくぞくと脱党した。日本共産党は多大な打撃を受けた。

「共同被告同志に告ぐる書」のコミンテルン批判に、八分の理があるとしても、にくさばかりがさきにきて、反戦闘争の放棄、ならびに民族自決に反対したのは、まさに日本帝国の海外侵略をみとめるようなものであった。

そして、ついには天皇制に屈伏する。

> 日本の皇室の連綿たる歴史的存続は、日本民族の過去における独立不羈の順当的発展が世界に類例少きそれを事物的に表現するものであつて、皇室を民族的統一の中心と感ずる社会的感情が勤労者大衆の胸底にある。

ここに書かれているのは民族主義でしかない。なんという無残さだろう。「共同被告同志に告ぐる書」の二年まえに、満州事変がおきている。「書」の一年まえには「満州国」が樹立されている。こういうことも、日本民族の優越性を錯覚させた原因だ。日本民族を、天孫降臨のヤマト民族として特別視する優生思想が右の引用にはあって、これではドイツのヒトラーのゲルマン人を至上とする考えと変わらない。

3

転向は獄中の高橋貞樹にもおとずれる。ここでも師に従順であったというべきか、佐野学先生にしたがった。コミンテルンの方針に反対し、「天皇制のもとでの一国社会主義」という矛盾のかたまりのような考えへとくらがえをする。が、さきにも述べたように、高橋貞樹は二年後の一九三五（昭和十）年に病没した。転向後の言葉をわたしは知らない。

西光万吉は五年ちかく獄中にいた。出獄は一九三三（昭和八）年で、共産党を脱党するという条件がついた。これも典型的な転向であるが、その後の西光の思想は独自で、転向声明も「マツリゴト」というキーワードを軸にしていた。

これは、「原始共産制社会」という、それ自体が夢のような史的唯物論のカテゴリーに、天皇制をくっつけたしろものだ。西光は、この古代共産制と、日本の神代の「タカマノハラ」（高天原）とをいっしょにして理想郷とした。片仮名で西光が書く「マツリゴト」（政）は、天皇の政治のことである。柏原《かしはら》（奈良県御所市《ごせし》）の西光寺のあたりは神話の世界である。神武《じんむ》天皇はこのあたりをしたしく歩いた（ことになっている）。西光の体のおくには、幼時より天皇への尊崇《そんすう》がある。

だが、一九四五（昭和二十）年の敗戦は、迷妄からの覚醒になる。西光万吉は二年後に、『略歴と感想』で、「当時五十一歳の私は、生まれていまだないほどの深い恥じらいと慚愧《ざんき》と悲しみに沈んだ」と書いた。この九月に西光がピストルで自殺をはかったのはよく知られている。さいわい未遂におわった。

平野小剣は、水平社結成の六年後には右翼の政治運動に転じ、大陸浪人[*2]として中国や満州で策動し、一九四〇（昭和十五）年に死去した。

菊池山哉は、一九四二（昭和十七）年の翼賛《よくさん》選挙で東京市議会議員になる。始めからマルクス主義とは無縁なので、「転向」という概念にあてはまらない。戦後は「多麻史談」という冊子を中心に活躍し、一九六六（昭和四十一）年に病没した。

菊池山哉の墓（東京都府中市・多磨霊園）

三好伊平次（一八七三〜一九六九年）は、菊池山哉の受難の書である『穢多族に関する研究』の一ヵ月後に、『同胞諧和の道』を刊行している。一九二三（大正十二）年八月ごろで、こちらは融和の立場だから発禁の心配はなかった。水平社もだまっている。高橋貞樹の『特殊部落一千年史』に先立つこと八ヵ月になる。

太平洋戦争の終結の一年まえ、三好伊平次は長年の研鑽の総まとめとして、『同和問題の歴史的研究』を刊行した。この書についてふれなければ、アンフェアになる。

それどころか、この書は戦前の部落史に屹立《きつりつ》する名著である。

＊1　第二インターナショナルの最左翼だったロシア共産党が中心になり、世界の共産党を指導し、世界革命をはかった。
＊2　中国大陸に侵出して暗躍した日本人をいう。

二十八●起業と軍靴　高橋梵仙の弾左衛門研究

1

その三好伊平次の代表作について述べるまえに、すこしだけ寄り道をする。高橋梵仙《たかはしぼんせん》の『部落解放と弾直樹の功業』[*1]についてふれておきたい。

幕末から維新にかけての弾左衛門らの動向についての研究である。表題にある弾直《だんなお》樹《き》は、十三代目弾左衛門の維新後の名乗りである。

弾左衛門を弾・直樹と弾で切ってしまったため、のちに弾左衛門のほうも、弾・左衛門と解釈する向きが出てきたが、「弾左衛門」は職掌《しょくしょう》をあらわすひとかたまりの言葉なのである。刑吏《けいり》の仕事などに従事する役を、「弾」という字で的確にしめしている。「弾」は「糾弾」の弾で、悪事を弾《はじ》くのである。暴《あば》いて糾《ただ》して懲《こ》らしめる。

それはさておき、高橋梵仙の右の論文は、部落史が初めて一般的な史書とおなじように、できごとの中心に主人公をすえたかたちになった。これまで、なぜか部落史にかぎり、人名を欠いていても不自然に思われなかった。むしろ固有の名が出てこないのがあたりまえであった。これもまた部落をいちだんと下に見ていたからだろう。

柳瀬勁介も喜田貞吉も、関東地方の穢多頭《えたがしら》である弾左衛門という存在についてはふれている。ほかに、国史学者の三浦周行《みうらひろゆき》*2が、『穢多非人ノ法制史上ノ地位』という文で、弾左衛門について述べている。これは一九一八（大正七）年という早い段階の論文で、「京都法学会雑誌」第十三巻第十二号に掲載されている。穢多と非人のちがいを要領よくまとめたもので、筆は乞胸《ごうむね》*3や猿飼《さるかい》*4にまでおよんでいる。

こんにちにも通じる論考だが、ここでも弾左衛門の名はあっても、何代目のことかは問われない。個人の顔をさがしはしない。そういう組織があるといいたいだけで、日付がついた歴史ではない。

それが、高橋梵仙では、十三代目が維新の激動の時間をどう切り開いて行ったかという具体的な記述になった。部落の歴史にとってこれは画期《かっき》である。

高橋梵仙は序説において、「予が茲《ここ》に小論せんとするものは」といい、つぎのように内容をまとめた。

> 最後の弾左衛門即ち、後の弾直樹、改めて弾直樹が我国洋式製革製靴事業を創始して我国産業界に偉大なる足跡を印した功績の一端を窺《うかが》わんとするものである。弾直

樹の功績については後に詳述する如く、到底筆舌に尽せぬ程の偉大なるものがあったにも拘《かかわ》らず今日一部の識者を除いては殆《ほと》んど忘れられているのは、何とした事か、余りにも寂しいものである。

史家にしてはめずらしく感情がこもっている。悲憤慷慨する調子がなくはない。そこが、わたしなどにはおもしろい。

2

一九三六年（昭和十一年）に、『社会事業研究』第Ｉ集に掲載されたこの論文は、第一章「序説」、第二章「部落発生の起源」、第三章「維新前後に於ける部落解放と弾の地位」、第四章「我国洋式製革製靴業の創始と弾直樹」からなる。

一、二章はごくみじかく、これまでの喜田貞吉らの説の復習である。三章は弾左衛門と、かれの配下の重役六十余人が、徳川幕府瓦解の寸前に身分を引き上げられて「平民」に準じられたという重要な事実である。「解放令」に先立つこと四年である。徳川幕府は自ら体制の原理である身分制を、このとき放棄したのである。

第四章はそれまでの家業と特権をうしなった弾直樹が、新しく西洋の靴、とくに軍靴を、配下の者とともに作ろうとする感動の記録になる。それまでの日本の革の製法は軍靴には役に立たず、アメリカからチャルレス（チャーリー）という外国人を高給でやとい、皮のなめし方から勉強する。

わたしには『浅草弾左衛門』という三部作の小説があるが、執筆当時、一九八〇年代でもまだ弾左衛門に関する書物はあまりなく、戦前に書かれた本を渉猟《しょうりょう》することになった。高橋梵仙のこの論考に出あえたときはうれしく、再読三読した。なかでも「注」として、弾左衛門の過去帳を書き写してあったのには、どんなに感謝してもしたりない思いであった。

東京都台東区今戸にある本龍寺《ほんりゅうじ》は、弾左衛門一族の菩提寺であるが、第二次大戦の空襲で焼け、過去帳も消失してしまったからである。墓が三基のこっているのは有名だが、そこに全弾左衛門の名が刻んであるわけではない。

東京空襲の十年ほどまえ、高橋梵仙は本龍寺を訪ね過去帳を筆写した。それを注としてのあつかいにすぎないが、論稿の末尾に記録しておいた。それで、いまも読める。[*5]

また、弾直樹に手代《てだい》としてつかえ、その後、東京市会議員に当選した石垣元七《いしがきげんしち》がいくつかの記録を書いている。それについても高橋梵仙は論じていて、これも貴重な資料である。なかなか目にふれにくいものなので、石垣元七の『故弾直樹ノ履歴』などは、拙著『資料浅草弾左衛門』に収録しておいた。わたしのこの書は、批評社版と三一書房版の二種があり、刊行時がおそい後者では、資料の増補をおこなうとともに誤字誤記をただしておいた。

3

高橋梵仙は部落の研究をしていたわけではない。事典によって多少のくいちがいがあるが、一九〇四（明治三十七）年に岩手県江刺《えさし》市男石《しおとこいし》で生まれ、専修大学独法科を卒業、大東文化大学の経済学部の教授をつとめた。一九八七（昭和六十二）年になくなっている。『日本人口史之研究』や『かくし念仏考』などの著書がある。つぎの章でふれる三好伊平次とも交流があり、中央融和事業協会に近かったのか、それとも会員だったのだろう。

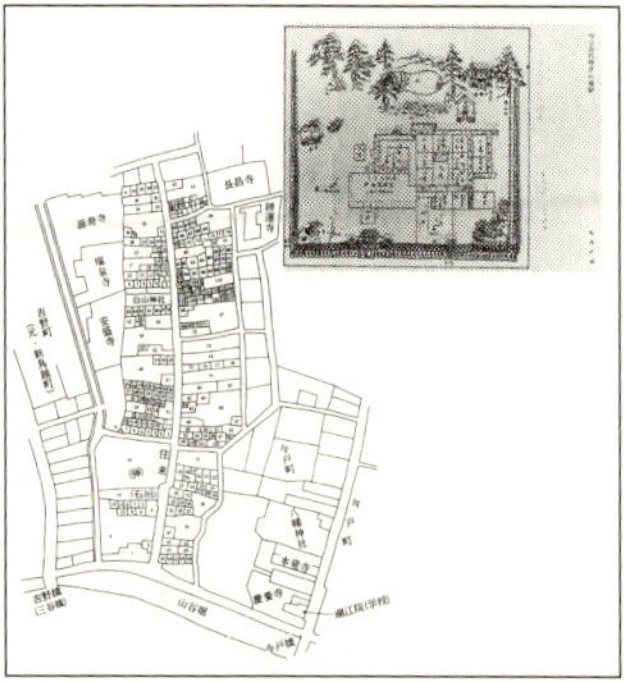

弾左衛門役所絵図（高橋梵仙著『部落解放と弾直樹の功業』より 法政大学大原社会問題研究所蔵）。地図は塩見が作成し、『資料浅草弾左衛門』に所収

一九三五（昭和十）年に、神奈川県下の融和問題史料二千点ほどの整理にあたっていて、そのとき担当したのが、明治維新前後のうすい冊子であった。それらのなかに、弾左衛門関係のものが多数あったにちがいない。それを読んでいるうちに、弾直樹という歴史になかば埋もれかけていた人物に

関心を寄せた。そんなところだろう。

　とはいえ、『部落解放と弾直樹の功業』のような論考がひとつあるのとないのとでは、のちにきた者にとっては大きなちがいになる。そういう気持から、高橋梵仙についてここで一章をさいた。

＊1　『部落解放と弾直樹の功業』は、『近世関東の被差別部落』（明石書店、一九七八年）で読める。第二章が略されているが、わずか十数行の分量だ。部落民は落伍者の末裔だとするもので、耳をかたむけるほどのものではないが、だからといってなぜ略されたのかは不明。

＊2　三浦周行は一八七一（明治四）年に生まれ、晩年は京都帝国大学文科大学国史学科教授。『法制史の研究』で帝国学士院賞を受けた。一九三一（昭和六）年に没。

＊3　乞胸は、寺社の境内や辻で芸を見せ、喜捨をうける芸人。こじきと似ているので、職場では非人頭の支配を受けた。身分は町人のままだから、ねじれている。それをおもしろがる論述はおおい。

＊4　猿飼は猿回しだが、辻で行うのと、武家の廏《うまや》を祈念してまわるのと二種がある。両者とも弾左衛門の支配を受けた。三浦周行は法制史上の地位では、猿飼は穢多より下、非人よりは上とする。

＊5　『決定版 資料浅草弾左衛門』に写しておいた（河出書房新社より近刊）。

二十九●翼賛と死者　融和主義者・三好伊平次の業績

1

満州事変から太平洋戦争へと、日本は暗黒の帳《とばり》にとざされる。暗愚な軍部の暴走、無能な政治家と官僚、走狗となった警察関係者の横暴、軍需のバブルにおどる財閥経済人、批評精神を骨抜きにされたジャーナリストや学校関係者、国家権力にしがみつく神道者などなどが跋扈《ばっこ》する。

錦のみ旗をかつげば、だれもがなにをしてもいいのだと錯覚した。天皇自身も、どうも同じ旗（われとわがみ）をかついで安心していたようだ。この十五年戦争の期間を考えると胸がしめつけられ、気がおもくなる。愚行が正義であった社会だ。それを、人びとはうたがいきれなかった。

2

この時期、マルクス主義もまた死んでいた。前回で書いたように転向者がつづいた。水平社は消滅させられた。一九四一（昭和十六）年、「言論出版集会結社等臨時取締法」が公布され、解散届けの提出がもとめられた。全国水平社はそれには応じないまま、翌年に消滅と認定された。

「一君万民」を名分にしての聖戦の遂行で、部落民も「天皇の赤子《せきし》」だから、もはや差別をうけないはずであった。だが軍隊内にも差別は持ちこまれた。戦後になって書かれた、野間宏の『真空地帯』も大西巨人の『神聖喜劇』も、そのことをテーマのひとつにしている。

一方戦時下、融和運動の推進者は、わが世の春を謳歌する。

大政翼賛会の成立に呼応して、「同和《どうわ》奉公会《ほうこうかい》」が一九四〇（昭和十五）年にできた。それまでの「中央融和事業協会」が中心になり、会長は、ひきつづき平沼《ひらぬま》騏一郎《きいちろう》である。右翼思想団体「国本社《こくほんしゃ》＊1」を作り、近衛《このえ》内閣《ないかく》で大臣、のちにA級戦犯として終身刑になった人物である。

同和奉公会は、皇紀二千六百年記念行事（一九四〇年）のひとつとして、部落史の刊行を計画した。そして、その執筆者を三好伊平次にきめた。三好は奉公会の理事をつとめているから、この間のお膳立ては自分でおこなったのかもしれない。刊行までに三年かかっている。なんども原稿に手を入れなければならなかった。苦心したのだ。もうすこしおくれると敗戦になっていた。すると刊行されないままでおわったかもしれない。戦後の日本では、このままでは出版できないだろうから、またまた改稿しなければならない。

三好伊平次のこの著書のタイトルが、『同和問題の歴史的研究』なのである。平沼騏一郎が、「直而和」という献辞を寄せている。なかなかに、力のこもったいい筆である。一九四三(昭和十八)年に、初版の五百部がでて、翌年、千部を重版した。本文四三三ページの大きな部落史が、敗戦色がしだいにこくなってくる戦時下で読まれた。

その書の冒頭に三好伊平次は書いた。

従来この種研究の世にでたものが絶無とは云へないが、どちらかといはゞ史実に根拠を有たない臆測独断のものが多く、且つ何れも断片的で系統的に纏つたものでないことゝ、

というのだが、高橋貞樹の『特殊部落一千年史』が意識されているのかもしれない。

「史実に根拠《こんきょ》を有たない臆測独断のもの」という表現がそれにあたる。しかし、「且つ何れも断片的で系統的に纏つたものでない」というのは、喜田貞吉らの仕事をさしている。いずれにしろ、高橋貞樹の仕事などは、闇にほうむってそのままにしておけばいいということか。

いずれにしろ、おのれの本こそが、まとまった部落史の嚆矢《こうし》だとする。

右の文につづけて、三好は書く。

今一つは我が国体《こくたい》に基礎を置いたものでなかつたことであつて

これまでのものは皇国史観にもとづいた内容ではなかったというのだ。

このいいかたは、高橋貞樹が、これまでの部落史はマルクス主義にもとづいていなかったというのと似ている。両者のちがいを、裏と表との正反対と理解するのか、それとも、ふたつの関係はパラレルで、五十歩百歩と思うのかどうか。

どちらにするかで、こんにちの思想のありようがあらわれる。

3

『同和問題の歴史的研究』の刊行時に、三好伊平次は数えで七十一歳になる。これまでの研究の総まとめだという気負いがあって、それで執筆に時間がかかったともいえよう。また同和奉公会の実際的な権力者として、多忙でもあっただろう。

この二十年まえに、三好は、『同胞諧和の道』を刊行している。前回に述べたように、一九二三（大正十二）年八月のことで、菊池山哉の『穢多族に関する研究』の一ヵ月後、高橋貞樹の『特殊部落一千年史』に先立つこと八ヵ月になる。

刊行一年まえ、水平社結成大会のときだ。五十歳の三好伊平次は内務省の社会局嘱託《しょくたく》という肩書きで、阪本清一郎らにアプローチをしている。宮崎芳彦の西光万吉の年譜（『西光万吉集』解放出版社、一九九〇）にも、「二百万円の改善費をだすことを条件に水平社創立をやめさせようとはかる。一蹴される」とある。

とすると、三好伊平次には水平社への対抗意識があって、『同胞諧和の道』をいそいで出版したはずだ。どのような内容なのか。知りたいと思ったが、公立の図書館では大阪と山口に所蔵されているだけだ。貸し出してはもらえないので、いまだに読まないままである。

4

三好伊平次にはそれなりの自負があった。若いころから、ずっと部落問題に力をそそいできた。関係者にはひろく名前を知られている。

とくに、備作平民会《びさくへいみんかい》は有名だ。まだ三好が二十代のおわりのころだ。一九〇二（明治三十五）年のことで、柳瀬勁介の『社会外の社会・穢多非人』が刊行された翌年だ。三好伊平次は、岡山県下の部落の有力者を結集して自主的な改善運動にのりだした。結成大会は、渋染一揆にゆかりの寺、岡山市上伊福《かみいふく》（葵町）の常福寺《じょうふくじ》においてであった。

翌年には、「大日本同胞融和会」の結成に参加し幹事をつとめた。

事典などによると、三好伊平次は、現在の岡山県和気町《わけちょう》で生まれ、小学校卒業後に大阪に行き、泰平学院に入った。このころ自由民権運動に影響をうけ、部落改善に献身するようになる。つまり非常にふるくからの活動家であって、水平社の面々が青二才に見えてもおかしくはない。西光万吉らの父親の世代になる。

備作平民会結成大会が行われた常福寺（岡山市）

はじめから国家主義者ではなく、社会主義者との交流もあったが、大逆事件を知って「転向」した。この間の思想的な変遷は三好伊平次を知るうえでは重要だと思えるが、いまは検討しない。ここでは、このようにながい活動をへた三好が晩年ちかくになって書いた、『同和問題の歴史的研究』を瞥見《べっけん》する。

＊1　国体精神をひろめるため官僚・実業家・軍人をあつめ、日本のファシズム化をおしすすめた。

三十●肉食と天皇

『同和問題の歴史的研究』第四章

1

三好伊平次は機会があればだれとでも部落について語った。汽車のなかで未知の客と話し始め、ついに自分の考えを理解してもらえたと、『同和問題の歴史的研究』のなかで、よろこばしく記している。三好は、

部落差別のような反国体的事実は上古に於て無かつたこと及びそれは我が国体に陰翳の生じた中世以後の産物なること、しかもそれが海外の風習の影響を受けた結果である

と、力説した。

このみじかい言葉に、『同和問題の歴史的研究』の基本線がうまく要約されている。

三好は、上古の天皇親政が他民族を差別せずに、「日本という大溶鉱炉《だいようこうろ》の中に受け入れて」同化せしめたと強調し、部落差別は、仏教などの影響下、皇道が弛緩《しかん》した中世に淵源《えんげん》をもつとした。上古の天皇は、いずれもが度量広大な人物として宣伝され、蝦夷《えみし》や熊襲《くまそ》*1などとのあいつぐ戦乱は隠される。喜田貞吉もそうであったが、天皇たちの好戦性は見て見ぬふりになる。

また、蘇我蝦夷《そがのえみし》*2のように、権力者が「蝦夷」を名にもつのは、エミシへの差別がなかったからだといい、異民族への違和感をもたないのが大和朝廷の特性であったと強弁する。

2

『同和問題の歴史的研究』は、右のような教条を背骨にして構成されている。全体像は受け入れがたい。たぶん、こんにちのおおくの読者には、ばかばかしくもあるだろう。が、圧巻は第四章である。

「肉食神饌皮革等の変遷」

という表題の一章である。肉食《にくじき》と神饌《しんせん》と皮革《ひかく》の三つの項目のもとに、それらの歴史的な変遷が語られる。日本でいかにして肉食が嫌悪されるようになったのか、その追究である。

まず、上代の日本で肉食がさかんにおこなわれていたことが、『日本書紀』（七二〇年）や、斎部広成《いんべのひろなり》の『古語拾遺《こごしゅうい》』（八〇七年）からの引用で確認される。雨ごいの儀式に際しては、牛馬を殺して神前にささげた。雄略天皇は狩猟を好み、群臣と野宴を張り、肉をくった。

神饌、つまり、神前のそなえ物には、稲や酒や野菜などとひとしく、鳥獣や魚介《ぎょかい》が献呈された。時代はくだるが、『延喜式《えんぎしき》』（九六七年施行）に載っている神社への「祭《さい》神料《しんりょう》」のうち、「皮革・肉類」がピックアップされる。鹿皮、鹿角、あわび、堅魚《かつお》、きたひ（ほし肉）、烏賊《いか》、牛皮、熊皮、猪皮などで、平安時代になっても、神社が肉食や皮革を拒否していないことがあきらかになる。「畜類」の皮は、神具、鞆《とも》*3、うつぼ*4、鞘《さや》、柄巻《えま》き、柄《え》おおい、楯の表張り、太鼓、鼓《つづみ》、靴、敷物、容器など、ひろくもちいられて重宝された。

しかし、一方では、肉食を禁止する動きが進行する。

三好伊平次は、『日本書紀』、『続日本紀《しょくにほんぎ》』、『日本後紀』、それに『類聚国史《るいじゅうこくし》』*5から、二十の「断肉令《だんにくれい》」（肉食禁止令）を抜きだした。孝徳天皇六四六（大化二）年から、嵯峨天皇八一二（弘仁三）年までの一六六年間、断肉のみことのり（詔）は、倦《う》まずたゆまず発令された。本質はおなじである命令がくりかえし出されるのは、それがなかなか守られないからだが、天皇のほうもしつこい。なみなみならぬ決意である。なぜなのか。

第四章を読んでいると、歴代の天皇はなぜこれほどまでに断肉を強制しなければならなかったのかという疑問にとりつかれる。のちになって、亀井トムもここを読みながら、おなじ疑問をいだいたことを、かれの『部落史の再検討』(三一書房、一九七八年)で知った。

とすると、読者のおおくもまた、おなじ思いをいだいたはずだ。天皇は、なぜこれほどまでに断肉令にこだわったのか。それへの明解を、三好伊平次が用意していないから、なおさら、なぜかということになる。三好がいうのは、「外来思想風習の影響」というだけだ。ここでの「外来思想」とは、「支那、印度の思想文化」である。

これでは、説得力がない。

3

三好のあとからきた戦後の読者、たとえば亀井トムやわたしは、マルクス主義の知識がある。ここを読みながら、天皇が断肉を命じるのが、仏教の殺生戒《せっしょうかい》という理想によるだけではないと判断する。表面をきれいにいいつくろっても、本音の部分に経済的な理由があるはずだ。まえにも記したが、マルクス主義は社会の下部構造を重視する思考訓練を植えつけてくれる。そして、三好伊平次が気がつかなかった解釈にいたる。

天皇が断肉令を、鳥獣魚介一般から、しだいに牛馬のみに中心をしぼってくるのは、牛馬が生産手段であるからだ。農作業において、大きな働きをする牛馬を、天皇は保護しようとした。これこそが、断肉令の真の目的ではないか。

この時代、天皇は農民の王としてふるまった。豊穣《ほうじょう》を神に祈念し、凶作の場合は責任をとる。天皇はひたすら米穀《べいこく》の生産性をたかめることに腐心した。収税の中心を稲作に置いたので、生産向上が国庫をうるおすこととダイレクトに結びつく。生きた牛馬が農耕のほうでフル運転してもらわなければならない。となると、皮革は死んだ牛馬から取るほかはない。亀井トムもわたしも、こんなふうに考えた。原田信夫の『歴史のなかの米と肉』（平凡社、一九九三年）も似たような視点だ。

三好伊平次も、おなじ結論になってもよい。そんな予感もあった。なぜなら三好はつぎの言葉を未練たらしく二度も引用しているのだ。

凡ソ官ノ馬牛死スルモノアル時ハ各皮、脳、角、胆ヲ収メヨカワもノウもツノもキモも、死牛馬からちゃんと取って国庫に入れろという。脳や角や胆は、クスリになったのだろう。角からは装飾品を作ったのだろうか。

右の文は、『大宝律令』の「廏牧令《くもくりよう》」からである。西暦七〇一年の発令である。最初の断肉令がだされるのと同時期である。しかし、死牛馬からの皮革の製造は、右の引用から推測しても、もっとむかしからおこなわれていたと思える。断肉令で、皮生産のために牛馬を殺すことが禁じられたから、死牛馬から皮を取るようになったのではなさそうだ。

『地獄草紙』（益田家本甲巻　第四段「剝肉地獄」）

それ以前は、生きた牛馬も死んだ牛馬も、おなじように皮革の生産に利用されたと見ていい。それが断肉令のあいつぐ発布で、しだいに国内の皮革は、死んだ牛馬から作るようになった。この経済構造は、天皇親政であるか、藤原摂関政治であるか、武家の政権であるかは関係がなかった。

仏教関係者は断肉令に協力した。死穢を強調し、「肉をくえば地獄におちる。死体にさわるとけがれる」と、説教した。そういうことなら、だれが死牛馬から皮をはぐのか。

ここからは、いくつもの問いがうまれる。

江戸時代の部落に結びつく集団が、政治の関与もなく自然に生じたとするのかどうか。大宝律令の「廏牧令」にある、死牛馬の皮や角を取ったのはだれか。農民が副業としてやったのか、馬飼部や牛飼部もその仕事に従事したのかどうか。

三好伊平次の『同和問題の歴史的研究』の第四章「肉食神饌皮革等の変遷」を読むと、いまでも、さまざまな思いがうかんでくる。

＊1　熊襲は九州南部の地名であるとともに、そこにいたエミシと考えられる。あるいは沖縄など南方系の人だったたか。隼人《はやと》とは居住地を別にしていたが、のちに隼人にまとめられる。

＊2　蘇我蝦夷は馬子《うまこ》の子、入鹿《いるか》の父。大化改新で自死した。

＊3　鞆は、左手首に巻く布で、弓を射るときに使用する。

＊4　靫とか空穂と表記。矢を入れて背中に負うかご。毛皮で周囲をおおった。

＊5　菅原道真《すがわらのみちざね》編の勅撰の史書。

三十一●晩年と覚醒　戦後部落観の陥穽

1

三好伊平次の晩年の仕事を瞥見《べっけん》した。翼賛時代の仕事だからといって無視するのはフェアではなかろう。そのような思いで、『同和問題の歴史的研究』（一九四三年刊）をひもといた。そして、この浩瀚《こうかん》な作物の功績は、第四章「肉食神饌皮革等の変遷」にあると、さきに書いた。

上古の日本では、肉食や皮革など、動物にまつわるイメージがどのようであったのか。後世、そのことをよく検討しないまま、史家や宗教家は、それぞれの時代の雰囲気を上古にかさねて、安易に、「肉食を忌み且皮革を扱ふことを厭ふ」とした。そして、肉食こそが部落差別の根拠にされもした。

三好伊平次もまた、そのような俗言をしばしば耳にした。差別の根拠にされているのなら、肉食の問題に関心をいだかざるをえない。だからこそ、といっていいだろう。

一般的な理解を一歩すすめて、日本人の肉食への態度の変化を、もっとくわしく調べようとした。

三好は、「肉食」「神饌」「皮革」の項目を立て、各項目ごとに、日本書紀など「六国史」に、それがどのように記載されているのかを、ていねいに調べた。手間のかかる仕事であった。その努力をたかく評価するものの、羅列された引用へのコメントが適切であったのかどうか。前回に述べたように、三好の結論は、始めから決まっていた。上古の天皇がいかにおおらかで、度量広大な人物であったかをいいたい。あるいは、この結論をえるために、「六国史」のページをめくったのかもしれない。上古の日本人は、「肉食を忌み且皮革を扱ふことを厭ふ」ようなことはなかった、と。

手間のかかる仕事は、新しい意味を語りかけるまえに、この教条を補強するために使用された。時代の雰囲気を安易に上古にかさねて、「肉食を忌み且皮革を扱ふことを厭ふ」としていた史家や宗教家を批判しながらも、三好伊平次はおなじ罠におちた。時代の皇国史観を安易に上古にかさねてしまった。いかにも、残念である。肉食だけを個別にとらえないで、宗教（神饌）と皮革への態度とを結びつけて考えていたから、なおさらである。

「肉食」「神饌」「皮革」の三位一体の概念こそ、わたしは評価したい。この三項を選択設定したことで、三好伊平次が、「部落」をどうとらえていたのかがわかる。ここには、部落史のヘソがあった。三好は、それに気がついていたのではないか。皇国史観というメガネをかけていなかったならば、くっきりと見えたのではないか。

2

高橋貞樹がそうであったように、三好伊平次もまた時代の子で、大きな観念のとりこになった。高橋の場合は「共産主義革命」、三好の場合は「神道救済・仏教排斥」であった。

神道にふくまれるケガレ観は、上古からのものではなくて、仏教の悪しき影響の結果であるとまでいった。つまり、仏教の浄穢の教えがひろまるまでは、「部落」は生じなかったというふうになる。

神祇と仏事との間に於て、肉食禁忌の上に大なる軽重の差と禁止年代の先後とがあつた

とまで、書いている。

いけにえの動物を歓迎していた神社[*1]が、やがて肉食を忌むようになるが、三好はそのときにも、忌む程度が仏寺ほどではなかったといい、禁止になる年代も、神社のほ

うがずっと時代がくだるとした。

もちろん、ケガレを仏教のせいにするのは世まいごとで、仏教渡来以前のヤマト（倭）でも、肉食は意識されていた。喪に服している期間には、肉を断じた。また、神社の成立と存在は、ケガレ観をぬきにしては説明できないし、動物飼育者への差別的偏見は、仏教とは無関係に応神大王のころから認められる。そもそも『古事記』の冒頭でイザナギノミコトは、「穢《きたな》き国」「穢繁国《けがらわしきのくに》」に着いたので、「禊《みそぎ》」をしようと水で身を清めているではないか。『魏志倭人伝《ぎしわじんでん》』にも、喪中には肉食をやめ、埋葬後に遺族は沐浴《もくよく》して身をキヨメるとレポートしている。三世紀初頭という早い時点で、日本にはケガレとキヨメの概念が成立していた。ただし、これを日本固有というかどうかは慎重であったほうがいい。大陸や半島からきた弥生人が稲作《いなさく》とともに母国から運んできた風習かもしれない。

3

三好伊平次にとって、一九四五（昭和二十）年の敗戦はなんであったのか。これまでの理念・信念が破産したのは明らかであった。同和奉公会は、翌一九四六年三月に解散した。会長の平沼騏一郎は、やがて戦犯（戦争犯罪人）になり獄にくだった。同和奉公会の解散一ヵ月まえの二月十九日に、「全国水平社主催」の名で呼びかけがあった。死んだはずの名が復活している。関係者のこころのなかでは、「水平社」は消滅していなかったことになる。その呼びかけに、「今や吾々の周辺には新日本建設の巨大なる民主主義革命が進展しつゝあります」「茲に従来の関係同志の大同団結を達成すると共に更に広く同憂の士に参加を要請し」とある。

このとき結成された組織が、松本治一郎《まつもとじいちろう》を委員長とする「部落解放全国委員会」である。いうまでもなく、「部落解放同盟」の前身が誕生する。

事典によると、三好伊平次もこのとき招かれ、中央本部の顧問に迎えられているが、やがて第一線から引退する。一九六九（昭和四十四）年に九十七歳という高齢で没した。

第二次大戦後の日本には、マルクス主義が息を吹きかえしていた。息を吹きかえしたどころか、それは、「巨大なる民主主義革命」を達成するばかりにさかんである。皇国史観の失敗はもはやだれの目にもあきらかで、そのこともマルクス主義の再生に力をあたえた。

部落解放運動は水平社の出発点にもどったことになる。

融和運動家も、「関係同志の大同団結」の大義のもとで排除はされなかったけれど、肩身はせまかっただろう。なかんずく、かれらの戦前・戦中の仕事は、当然のごとく無視された。

「新しい部落観」が、主としてマルクス主義を土台に作られた。

そして、半世紀以上がすぎた。

戦後の「新しい部落観」もまた、ソ連の崩壊に示されるマルクス主義の破綻をへて、光彩をうしなう。あるいは、マルクス主義の失墜のあとに、戦前のような考えが復古してくる滑稽さも見えている。だが、わたしのこの本は一九四五年までである。戦後の六十年、ふりかえれば、いろいろな思いが胸中に去来するものの、多くは私的な感慨である。それは、わたしが晩年に達したということの証左にすぎない。

＊1　儒教の影響も考慮してみる必要がある。

黒色荊冠旗（水平社創立期に西光万吉がデザインした。黒地は暗黒の差別社会を、荊の冠は血色の赤で表現されている。）

あとがき

本書のもとになった原稿は、月刊誌『ヒューマンライツ』(部落解放研究所)に三十回にわたって連載したものである。一九九八年六月号から二〇〇〇年十一月号まで、ちょうど二年半にわたった。

部落史がテーマであるが、二十世紀の主要思想のマルクス主義はいったいなんであったのかという、わたしなりの関心が全体をつらぬいている。連載終了後、すぐに本にしたかったが、潮時というものがあるらしい。数年ほどずれて、かえって受けいれてもらえる環境になってきた。内容は第二次大戦で区切ってあるので、ふるびはしない。

これを書き始めたころは、インターネットでいまのように簡単に本をさがせなかった。苦労して入手したものもある。一冊まるごとコピーを取ったりもした。また、読んだけれど、ここで取りあげなかったものもある。明治の歴史家が専門誌に発表したみじかい論文なども脇に置くか、注でふれるていどにした。タイトルはわかっていても、サボって読まなかったのもまれにある。また、宮武外骨《みやたけがいこつ》が一九一五（大正四）年に出して、たった一号で終わった『新平民雑誌「穢多」』などは、その行為自体は歴史であるが、その個人雑誌の内容に部落史がふくまれていない。ここでは取りあげなかった。

今回、全体にわたって、読みやすいように加筆修正をし、高橋梵仙《たかはしぼんせん》の章「起業と軍靴」をつけたした。ほかに、古代史のタームや人名などに若干の注をつけておいた。よく知っている人には目ざわりだろうが、みんなが趣味をおなじにしているわけではない。

もはや一冊にまとめる気もなくなっていたのを、「にんげん出版」を出帆させた小林健治さんから声をかけてもらえた。光栄に思い、ここに上梓の運びとなったが、すこしは売れて迷惑をかけないでほしいと祈っている。また、多くの方から資料とイラストなどのサポートを与えられた。とても感謝しております。

（二〇〇五年九月）

文庫版あとがき

どういういきさつで、雑誌『ヒューマンライツ』の連載が始まったのか、いまでは記憶にない。それでも三十回、二年半にわたってつづいたのは、わたしに時間の余裕が生まれていたからかもしれない。わずかな額にしろ、国民年金が支給され出したことも関係があるかもしれない。

毎月、十枚たらずの原稿を、ていねいに書いた。そのために、何冊かの本をさがすのも楽しかった。中学生の子を男手で、この言い方も悪しき慣用語ですが、孤軍奮闘していたときなので、このくらいの探求がちょうど身の丈に合っていた。

個人的な回想はともかく、こんど旧知の友、西口徹さんにすすめられ、ありがたく河出文庫の一員に加えていただくことになった。当時のわたしの考えを残したほうがいいわけで、ほとんど手をいれなかった。ただ、各章の末尾の注釈に、すこしばかり、あたらしい項目をつけくわえた。

だれでもが調べてみたくなる内容なのに、これまで類書はなかった。仕方がない。微力なのを承知のうえで、あれこれ愚考し、そのまま言葉にした。成果といえるかどうか、ただの結果でしかないのか。やがて「よき日」（西光万吉）がきてしまえば、それもはやだれも部落差別に関心をもたない。このような書は編《あ》まれないだろうし、それでいい。それはうれしいことだ。

（二〇一五年師走）

＊本書は、月刊『ヒューマンライツ』（部落解放研究所）誌上での一九九八年六月号から二〇〇〇年十一月号までの連載「部落の歴史あれこれ」に加筆、再構成した『脱イデオロギーの部落史——呪縛が解けて歴史が見える……』（にんげん出版、二〇〇五年十二月刊）を底本とする。

部落史《ぶらくし》入門《にゅうもん》

二〇一六年　一　月一〇日　初版印刷
二〇一六年　一　月二〇日　初版発行

著　者　塩見《しおみ》鮮一郎《せんいちろう》
発行者　小野寺優
発行所　株式会社河出書房新社
〒一五一−〇〇五一
東京都渋谷区千駄ヶ谷二−三二−二
電話〇三−三四〇四−八六一一（編集）
〇三−三四〇四−一二〇一（営業）
http://www.kawade.co.jp/

ロゴ・表紙デザイン　粟津潔
本文フォーマット　佐々木暁
印刷・製本　中央精版印刷株式会社

Printed in Japan　ISBN978-4-309-41430-0

異形にされた人たち

塩見鮮一郎　40943-6

差別・被差別問題に関心を持つとき、避けて通れない考察をここにそろえる。サンカ、弾左衛門から、別所、俘囚、東光寺まで。近代の目はかつて差別された人々を「異形の人」として、「再発見」する。

差別語とはなにか

塩見鮮一郎　40984-9

言語表現がなされる場においては、受け手に醸成される規範と、それを守るマスコミの規制を重視すべきである。そうした前提で、「差別語」に不快を感じる弱者の立場への配慮の重要性に目を覚ます。

賤民の場所　江戸の城と川

塩見鮮一郎　41052-4

徳川入府以前の江戸、四通する川の随所に城郭ができる。水運、馬事、監視などの面からも、そこは賤民の活躍する場所となる。浅草の渡来民から、太田道灌、弾左衛門まで。もう一つの江戸の実態。

弾左衛門とその時代

塩見鮮一郎　40887-3

幕藩体制下、関八州の被差別民の頭領として君臨し、下級刑吏による治安維持、死牛馬処理の運営を担った弾左衛門とその制度を解説。被差別身分から脱したが、職業特権も失った維新期の十三代弾左衛門を詳説。

弾左衛門の謎

塩見鮮一郎　40922-1

江戸のエタ頭・浅草弾左衛門は、もと鎌倉稲村ヶ崎の由井家から出た。その故地を探ったり、歌舞伎の意休は弾左衛門をモデルにしていることをつきとめたり、様々な弾左衛門の謎に挑むフィールド調査の書。

貧民に墜ちた武士　乞胸という辻芸人

塩見鮮一郎　41239-9

徳川時代初期、戦国時代が終わって多くの武士が失職、辻芸人になった彼らは独自な被差別階級に墜ちた。その知られざる経緯と実態を初めて考察した画期的な書。

映画を食べる

池波正太郎　40713-5

映画通・食通で知られる〈鬼平犯科帳〉の著者による映画エッセイ集の、初めての文庫化。幼い頃のチャンバラ、無声映画の思い出から、フェリーニ、ニューシネマ、古今東西の名画の数々を味わい尽くす。

自己流園芸ベランダ派

いとうせいこう　41303-7

「試しては枯らし、枯らしては試す」。都会の小さなベランダで営まれる植物の奇跡に一喜一憂、右往左往。生命のサイクルに感謝して今日も水をやる。名著『ボタニカル・ライフ』に続く植物エッセイ。

小説の聖典《バイブル》　漫談で読む文学入門

いとうせいこう×奥泉光＋渡部直己　41186-6

読んでもおもしろい、書いてもおもしろい。不思議な小説の魅力を作家二人が漫談スタイルでボケてツッコむ！　笑って泣いて、読んで書いて。そこに小説がある限り……。

新東海道五十三次

井上ひさし／山藤章二　41207-8

奇才・井上ひさしと山藤章二がコンビを組んで挑むは『東海道中膝栗毛』。古今東西の資料をひもときながら、歴史はもちろん、日本語から外国語、果ては下の話まで、縦横無尽な思考で東海道を駆け巡る！

巷談辞典

井上ひさし〔文〕　山藤章二〔画〕　41201-6

漢字四字の成句をお題に、井上ひさしが縦横無尽、自由自在に世の中を考察した爆笑必至のエッセイ。「夕刊フジ」の「百回連載」として毎日生み出された110編と、山藤章二の傑作イラストをたっぷり収録。

十年ゴム消し

忌野清志郎　40972-6

十年や二十年なんて、ゴム消しさ！　永遠のブルース・マンが贈る詩と日記による私小説。自筆オリジナル・イラストも多数収録。忌野清志郎という生き方がよくわかる不滅の名著！

狐狸庵食道楽

遠藤周作　40827-9

遠藤周作没後十年。食と酒をテーマにまとめた初エッセイ。真の食通とは？　料理の切れ味とは？　名店の選び方とは？「違いのわかる男」狐狸庵流食の楽しみ方、酒の飲み方を味わい深く描いた絶品の数々！

狐狸庵動物記

遠藤周作　40845-3

満州犬・クロとの悲しい別れ、フランス留学時代の孤独をなぐさめてくれた猿……。楽しい時も悲しい時も、動物たちはつねに人生の相棒だった。狐狸庵と動物たちとの心あたたまる交流を描くエッセイ三十八篇。

狐狸庵読書術

遠藤周作　40850-7

読書家としても知られる狐狸庵の、本をめぐるエッセイ四十篇。「歴史」「紀行」「恋愛」「宗教」等多彩なジャンルから、極上の読書の楽しみ方を描いた一冊。愛着ある本の数々を紹介しつつ、創作秘話も収録。

大野晋の日本語相談

大野晋　41271-9

一ケ月の「ケ」はなぜ「か」と読む？　なぜアルは動詞なのにナイは形容詞？　日本人は外国語学習が下手なの？　読者の素朴な疑問87に日本語の泰斗が名回答。最高の日本語教室。

日本人の神

大野晋　41265-8

日本語の「神」という言葉は、どのような内容を指し、どのように使われてきたのか？　西欧の God やゼウス、インドの仏とはどう違うのか？　言葉の由来とともに日本人の精神史を探求した名著。

小川洋子の偏愛短篇箱

小川洋子〔編著〕　41155-2

この箱を開くことは、片手に顕微鏡、片手に望遠鏡を携え、短篇という名の王国を旅するのに等しい――十六作品に解説エッセイを付けて、小川洋子の偏愛する小説世界を楽しむ究極の短篇アンソロジー。

言葉の誕生を科学する

小川洋子／岡ノ谷一夫　41255-9

人間が“言葉”を生み出した謎に、科学はどこまで迫れるのか？　鳥のさえずり、クジラの泣き声……言葉の原型をもとめて人類以前に遡り、人気作家と気鋭の科学者が、言語誕生の瞬間を探る！

わたしの週末なごみ旅

岸本葉子　41168-2

著者の愛する古びたものをめぐりながら、旅や家族の記憶に分け入ったエッセイと写真の『ちょっと古びたものが好き』、柴又など、都内の楽しい週末“ゆる旅”エッセイ集、『週末ゆる散歩』の二冊を収録！

私の部屋のポプリ

熊井明子　41128-6

多くの女性に読みつがれてきた、伝説のエッセイ待望の文庫化！　夢見ることを忘れないで……と語りかける著者のまなざしは優しい。

天下一品　食いしん坊の記録

小島政二郎　41165-1

大作家で、大いなる健啖家であった稀代の食いしん坊による、うまいものを求めて徹底吟味する紀行・味道エッセイ集。西東の有名無名の店と料理満載。

紫式部の恋　「源氏物語」誕生の謎を解く

近藤富枝　41072-2

「源氏物語」誕生の裏には、作者・紫式部の知られざる恋人の姿があった！　長年「源氏」を研究した著者が、推理小説のごとくスリリングに作品を読み解く。さらなる物語の深みへと読者を誘う。

愛別外猫雑記

笙野頼子　40775-3

猫のために都内のマンションを引き払い、千葉に家を買ったものの、そこも猫たちの安住の地でなかった。猫たちのために新しい闘いが始まる。涙と笑いで読む者の胸を熱くする愛猫奮闘記。全ての愛猫家必読！

生命とリズム

三木成夫　41262-7

「イッキ飲み」や「朝寝坊」への宇宙レベルのアプローチから「生命形態学」の原点、感動的な講演まで、エッセイ、論文、講演を収録。「三木生命学」のエッセンス最後の書。

内臓とこころ

三木成夫　41205-4

「こころ」とは、内蔵された宇宙のリズムである……子供の発育過程から、人間に「こころ」が形成されるまでを解明した解剖学者の伝説的名著。育児・教育・医療の意味を根源から問い直す。

なまけものになりたい

水木しげる　40695-4

なまけものは人間の至高のすがた。浮世のことを語っても、この世の煩わしさから解き放ってくれる摩訶不思議な水木しげるの散文の世界。『妖怪になりたい』に続く幻のエッセイ集成。水木版マンガの書き方も収録。

妖怪になりたい

水木しげる　40694-7

ひとりだけ落第したのはなぜだったのか？　生まれ変わりは本当なのか？　そしてつげ義春や池上遼一とはいつ出会ったのか？　深くて魅力的な水木しげるのエッセイを集成したファン待望の一冊。

サンカ外伝

三角寛　41334-1

サンカ作家三角寛の代表作。戦前、大日本雄弁会より刊行された『山窩血笑記』より、現在読めないものを精選して構成。初期三角が描くピュアな世界。

山窩奇談

三角寛　41278-8

箕作り、箕直しなどを生業とし、セブリと呼ばれる天幕生活を営み、移動暮らしを送ったサンカ。その生態を聞き取った元新聞記者、研究者のサンカ実録。三角寛作品の初めての文庫化。一級の事件小説。

山窩は生きている

三角寛　41306-8

独自な取材と警察を通じてサンカとの圧倒的な交渉をもっていた三角寛の、実体験と伝聞から構成された読み物。在りし日の彼ら彼女らの生態が名文でまざまざと甦る。失われた日本を求めて。

生きていく民俗　生業の推移

宮本常一　41163-7

人間と職業との関わりは、現代に到るまでどういうふうに移り変わってきたか。人が働き、暮らし、生きていく姿を徹底したフィールド調査の中で追った、民俗学決定版。

周防大島昔話集

宮本常一　41187-3

祖父母から、土地の古老から、宮本常一が採集した郷土に伝わるむかし話。内外の豊富な話柄が熟成される、宮本常一における〈遠野物語〉ともいうべき貴重な一冊。

民俗のふるさと

宮本常一　41138-5

日本人の魂を形成した、村と町。それらの関係、成り立ちと変貌を、ていねいなフィールド調査から克明に描く。失われた故郷を求めて結実する、宮本民俗学の最高傑作。

山に生きる人びと

宮本常一　41115-6

サンカやマタギや木地師など、かつて山に暮らした漂泊民の実態を探訪・調査した、宮本常一の代表作初文庫化。もう一つの「忘れられた日本人」とも。没後三十年記念。

隠された神々

吉野裕子　41330-3

古代、太陽の運行に基き神を東西軸においた日本の信仰。だが白鳳期、星の信仰である中国の陰陽五行の影響により、日本の神々は突如、南北軸へ移行する……吉野民俗学の最良の入門書。

著訳者名の後の数字はISBNコードです。頭に「978-4-309」を付け、お近くの書店にてご注文下さい。